教育信息化背景下高校大学英语教学改革模式

李菁菁 ◎ 著

吉林出版集团股份有限公司

图书在版编目（CIP）数据

教育信息化背景下高校大学英语教学改革模式 / 李菁菁著. -- 长春 : 吉林出版集团股份有限公司, 2024.2
ISBN 978-7-5731-4621-2

Ⅰ. ①教… Ⅱ. ①李… Ⅲ. ①英语－教学改革－研究－高等学校 Ⅳ. ①H319.1

中国国家版本馆 CIP 数据核字（2024）第 049371 号

教育信息化背景下高校大学英语教学改革模式

JIAOYU XINXI HUA BEIJING XIA GAOXIAO DAXUE YINGYU JIAOXUE GAIGE MOSHI

著　　者　李菁菁
出版策划　崔文辉
责任编辑　侯　帅
封面设计　文　一
出　　版　吉林出版集团股份有限公司
（长春市福祉大路 5788 号，邮政编码：130118）
发　　行　吉林出版集团译文图书经营有限公司
（http：//shop34896900.taobao.com）
电　　话　总编办：0431-81629909　营销部：0431-81629880/81629900
印　　刷　廊坊市广阳区九洲印刷厂
开　　本　787mm×1092mm　1/16
字　　数　220 千字
印　　张　13.5
版　　次　2024 年 2 月第 1 版
印　　次　2024 年 2 月第 1 次印刷
书　　号　ISBN 978-7-5731-4621-2
定　　价　78.00 元

如发现印装质量问题，影响阅读，请与印刷厂联系调换。电话：0316-2803040

前　言

由于大学英语教学承担着培养语言基本功扎实、跨文化技能娴熟、国际视野宽广、中国情怀博大、专业基础深厚、国际规范熟悉的国际化人才的使命，因此建设科学、完善的大学英语课程体系就成为实现这一目标的保障。针对教育部所启动的大学英语新一轮教学改革的要求，结合目前大学英语教学现状和已有资源，积极探索建设科学、综合、立体、有机的新型大学英语课程体系，可以更好地满足社会的需求，符合学校的办学目标，对接院系的专业需要，助推学生的发展。

信息化时代教育形式的开放化、多样化、个性化、社会化要求当代大学生掌握英语自主学习的方法，适应终身学习的趋势，成为信息化社会发展和国际交流需要的德才兼备的创新复合型人才。因此，在教育信息化的大趋势下，信息化教学可以极大地激发学生探索新知识的欲望，提高学生的自主学习能力。教师应该以此为契机，及时更新教学理念，利用信息化手段实现教育教学资源的共建共享，使信息化教学这种新兴的教学手段更好地服务于大学英语教学。

笔者在写作过程中参阅了大量有关大学英语教学法的相关文献与资料，同时为保证论述的准确与全面，还引用了许多专家与学者的相关研究成果与观点，在此表示诚挚的谢意。因写作水平有限，书中不免有疏漏之处，恳请广大读者批评指正。

目 录

第一章　教育信息化概述

第一节　教育与信息化

信息技术的发展，给教师的进一步发展带来了新的机遇。在“互联网 +”的背景下，如果教师能够审时度势，积极地学习应用新技术，以积极的态度来应对新时代，就有可能应时而上，发展突出自己，成为时代的弄潮儿。

学院的录播教室不同于传统的投影仪，录播教室的屏幕可以投影手机屏幕，可以通过手机来控制大屏幕，也可以直接触摸大屏幕进行翻页、画线等。学生各有一个平板电脑，可以用来答题。为了留下视频资料，上课时全程录像。课上得很顺利，借助这些信息化工具可以更有效地组织教学，是一个全新的体验。

信息化教学指在教学中应用信息技术手段，使教学的所有环节数字化，从而提高教学质量和效率，是一种以现代教学理念为指导，以信息技术为支持，应用现代教学方法的教学方式。在信息化教学中，观念、组织、内容、模式、技术、评价、环境等一系列因素都实现了信息化。

一、教育信息化现状

在这个科技迅猛发展的时代，“信息化”一词出现的频率越来越高。什么是信息化，传统教学如何利用信息化手段更有效的教授学生，成为新时代教师需要关注的事情。信息化是指以计算机为基础的智能工具所代表的新生产力的培育和发展造福于社会的过程。信息化教学是提高教学效果和教学效率的重要手段，能够激发学生的学习兴趣，利用计算机、网络、多媒体等工具，来帮助学生理解吸收知识。

二、教育信息化策略

对于如何将信息化融入到日常教学管理工作中，有效地推动教育均衡化发展、高质量发展，如何在课堂中使用信息化手段辅助教学，提高课堂效率，完成教学目标，做到信息化教学，笔者有如下思考：

（一）双向融合

1. 教育教学中不断结合新技术

传统的教学以教师讲授为主，教师根据自己对知识的掌握与理解向学生进行讲授，“听讲”为学生的主要学习方式。过去要求课堂安静、严肃，教师说一不二。随着科技的发展，带动了观念的改变，现代教学已悄然发生变化。一堂好课，教师要做到精讲，给学生充分的展示自我的空间。只要学生能做的事情，教师一定要放手让学生去做，充分相信学生的能力，努力挖掘学生发展的潜力。“以学生为主体”这一转变，不是文件上的一句“要进行教学改革”就能实现的，需要教师不断地研究实践、反省创新，需要现代信息技术的支持，如多媒体、教学软件、教学平台等。如果没有信息技术，有些课程根本无法开课。这点笔者也深有体会，会计专业要学习一门叫“会计电算化”的课程，这是一门理论和实践相辅相成的学科，有一大半课程在机房中进行。学生通过操作会计软件，编制凭证、报表等，熟悉软件功能。如果没有计算机，没有财务软件，那么这门课上起来就毫无意义，只是纸上谈兵。

2. 在技术创新中注重对教育的支持

科技推动社会进步，科技的每一步发展都对教育产生了深远的影响。网络技术的发展正在成为教育发展的助推器。人类的教育手段伴随着科技的发展而不断改进；反过来，教育手段的改进也进一步促进了教育的发展，并间接地促进了科技的进步和发展。到底是“互联网 + 教育”，还是“教育 + 互联网”？

首要先明白加号前后位置的意义。如果按照谁在前谁主导的原则，应该是教育主导，也就是“教育 + 互联网”。因为不管互联网功能有多么强大，也只是教育的辅助，是一种实现教育的方法手段，它是服务于教育的。离开教育的主导，互联网是否对个人的成长起正面促进作用都要打问号。现在的孩子走路看手机，上课看手机，恨不得睡觉也抱着手机，离开了网络仿佛就失去了灵魂。他们是在利用网络学习吗？估计大部分家长会摇头苦笑。中国传统教育就有“授之以渔”的故事。掌握学习的方法，养成好的学习习惯，即使没有教师，学生也可以通过查阅书籍、浏览网页等方式进行自学。但是如果没有受过良好的教育，没有磨炼自控力，对于这部分人来说，网络是魔鬼也不为过。教育的本质不在于教师教给学生多少知识，而在于教师能不能教会学生“捕鱼”的本领，教给他做人的道理。回到是“互联网 + 教育”还是“教育 + 互联网”的问题上来，如果标准是谁在前代表谁占的比重较大，那么随着科技的发展，互联网将毫无争议的成为教学的主要方式、思维和链接的模式或工具。

（二）有效教学和与时俱进

教育界一直提倡提教育改革，教育改革的核心环节是课程改革，课程改革的核心环节是课堂教学改革，课堂教学改革的核心环节是教师的专业发展。“有效教学”这个论题就集中体现了教育改革的逻辑。“有效教学”的最终衡量标准就是“学生的成长”，而这种成长不单单把成绩高低作为衡量标准。所以，如何衡量、评价和把握学生的成长是一个相当复杂的问题。就职业学校而言，就业是一项重要的衡量标准。社会是否承认，公司是否认为该学校的毕业生有能力胜任具体工作，比任何成绩单和评语都更具现实意义。这就需要教师与时俱进，进行职能转型，做一个面向世界、面向未来的新教师。

1. 基于广泛联通的服务

网络时代的学生不再满足于教师教案里的知识，他们在互联网上见识了知识海洋的一角，急切地希望汲取更多的养分。教师应保护学生的求知欲，引导和辅导学生借助互联网开阔眼界、获取知识、自主学习。这就要求教师不仅要有知识深度，还要有知识广度，应注重掌握信息技术及手段。

积累信息资源。教材中包含了大量的教育信息以及能创造一定的教育价值的各种信息资源。信息教材是指以数字化形式出现的教材，包括学生和教师在学习过程中的各种数字教材、教学软件、辅助教材等。

2. 协作参与成为主要角色

当好主讲者。信息化背景下，教育对新教师提出了更高的要求。课下教师要掌握学校的教学进程和课程的教学目标，把握教学内容和学情，灵活地应用教学方法，适应新的教学模式，将教学内容完整地教授给学生，使学生做到闻一知十，触类旁通。教师在教学中应强化教学目标和内容，避免本末倒置，只注重形式。

3. 自我提升成为首要任务

在知识经济时代，知识老化、淘汰的速度不断加快，学习的作用时间也越来越短，时代需要具备创新、研究、引导的能力的教师。教师要深化教学内容改革，关注本专业、本领域的最新发展动态、最新理论与实践成果，创新课程教学实践方式与方法，紧跟最新的教学前沿理论成果，及时地更新并运用最新的教学形式。教师要通过各种途径来进行继续教育，不断提高、完善自己，灵活地运用信息化手段进行教学活动，让信息化成为自己的左膀右臂。提升自我也是教师的一种责任和义务，提升自身的修养、个性、风度、气质、幽默等，也会让自己永葆活力，有抓住学生眼球的魅力。

信息技术的发展，给教师的进一步发展带来了新的机遇，在“互联网 +”的背景下，教师要能够审时度势，积极学习应用新技术，以积极的态度来应对新时代，应时而上，发展突出自己，成为时代的弄潮儿。

第二节　教育信息化的三要素

互联网背景下的信息化教学环境已成为教育发展变革的重要推动力量，技术、资源和人是教育信息化的三大要素。技术成为了解决资源运用的途径和手段，教师是信息化应用的主导者；“人”与技术和资源的融合，是教育信息化的本质要求。技术涌如潮流，日新月异；资源精彩纷呈，丰富新颖。受教师的信息化素养偏低、职能和角色转变不及时等的影响，学校普遍存在信息化设备使用率低、资源运用不充分、与学科融合较浅的现象。教师需要转变职能和角色，提升对技术和资源的操控能力，并根据学科生态找准融合的切入点，提高信息化与学科的融合度。

一、技术

就技术而言，能够在课堂上运用并能与学科融合的技术有很多，如移动互联网技术、多媒体技术、VR（虚拟现实）、AI（人工智能）、电子书包、精品录播等。各种技术互为支撑，相互渗透，都不是孤立存在的。使用最为普遍的是互联网技术和多媒体技术，具体表现就是电子白板、电子书包、精品录播等系列设备的综合运用。

“班班通”设备在学校中已全面普及，但目前很多教师仅仅把它当成一块高级幕布，使用得最多的是PPT演示功能，设备的很多技术和功能就成了摆设。因此，要充分灵活地使用“班班通”等设备，就要清楚地了解这些设备和技术的功效。

“班班通”设备是教育信息化资源获取与利用的软硬件环境的统称，也是一项综合工程，包含了多个层面的技术。它在课堂上能轻松地调用自身内置的教育资源，也能通过网络互联，检索与硬件相匹配的云端资源，并能进行下载、存储、重组、改编等。并且可以通过计算机、显示设备、网络设备组成的交互式功能控制环境，将资源根据需要有序地进行展现，甚至不再需要外置的鼠标和键盘就能实现灵活、自如的操控，就像使用黑板和粉笔一样自然，并能随时在屏幕上书写和批注。

二、资源

资源是信息化在教学中运用的灵魂，资源的开发和利用是教育信息化的重点。教育信息化资源大致可分为三大类，即以教育资源自身为载体的多媒体资源、以处理加工为核心的工具软件资源和以管理信息系统为基础的数据库资源。多媒体资源包括各种多媒体素材，如文本、图片、声音、视频、动画等，常以各类CAI课件、App应用和网络课程等的形式出现。工具软件资源是以教育信息资源的生成、分析、处理、传递和利用为主的各种程序工具类软件，如Windows系统下的Word、Excel、PowerPoint、Flash、Photoshop、After Effects和Android系统下的与演示、微弹幕等相关的App。数据库资源是以资料查阅和检索服务为主，为实现教育信息化管理而建立的，以教育者、教育内容、教育对象、教育资源及其支持的服务体系为主要内容的各类数据库资源，如在线图书、OA办公、在线阅卷等。

“班班通”设备的运用需要根据软、硬件资源的特性，使用与其匹配的数字教学资源。数字教学资源的呈现形式具有多样性，可谓精彩纷呈，丰富新颖，有有声、有色、有形、有动，有从平面到立体，从虚拟到仿真的实验资源，还有基于终端和云计算的网络资源。所有资源都以知识内容为索引，形成了一个庞大的资源服务体系，同时也富有地域特色，能够充分满足各种层次教学的需求。但所有资源的运用，都必须与技术相匹配，有相应的设备作为支撑。

在教育这片天地里，我们缺乏的不是资源，而是对资源进行正确、精确的选择。资源很多，很难选择，要找到适合学生，和教材适配，且与设备相匹配的资源，就需要“人”的高度协同。

三、人

乔布斯问过：为什么计算机几乎改变了所有领域，却唯独对学校教育的影响小得令人吃惊？我的理解是，“人”这一要素是学校教育信息化的关键点，也是最为困难的要素。教师是教育信息化应用的主导者，也是学生自主学习的提供者和辅导者。教师要充分理解和掌握各种教学设备、教学软件的核心价值，找到与课程理念相融合的资源，创造性地使用技术，整合资源，在熟练的过程中逐渐化技术和资源于无形，最终形成自己的融合风格。要实现这个目标，教师就需要具备必备的信息化素养，具体包括以下几个方面：

一是掌握基本的文本和图片的编辑、加工能力，特别是动画和影音视频的深加工能力。并能根据学科生态，有针对性地掌握某几项技能，如语文、英语、音乐学科需要能够熟练地剪切音频文件，数学、物理需要懂得动画演示，美术需要图片的深度加工能力。

二是认识和理解技术、设备的核心价值，即能完成的基本功能。以智慧教室“电子书包”为例，其价值主要体现在个性化的学习上。学生基于对 App 的应用，实现了信息快速推送、即时反馈、动手实验、信息捕捉和展示、即时检索等功能，充分满足了个性化学习的需求。教师在教学方式上也更加灵活，可以基于互动平台的学习分析统计应用，动态监控学生的学习状态，但这导致课堂的驾驭难度变大了。

三是掌握教学资源的高级检索能力，即能通过网络搜索到需要的教学资源并下载。我们都知道通过运用搜索引擎，可以方便、快捷地找到需要的资源，关键词要能够最大限度地概括需要查找的信息内容。要灵活地运用搜索技巧来搜索资源，包括：和“空格”，或“|”，不含“-”，指定格式“filetype：”等。

四、三要素的关系

技术、资源和“人”是三位一体的关系，必须高度协调，缺一不可。技术是基础，资源是灵魂，“人”是关键点，信息技术是教学的途径与手段，而教师是信息化的主导者，教师的信息化水平，直接决定了融合的深度。教师操控不熟练，课堂上就会顾此失彼；不具备资源，就犹如巧妇难为无米之炊；教师和学生的互动沟通不到位，技术要么成了摆设，要么就变成了作秀的工具。

总之，技术和资源可以放大教师杰出的教育能力，但是再伟大的技术也拯救不了平庸的教学。“人”和技术、资源的完美结合才能产生智慧的教育。因此，只有始终坚持人本思想，正确地认识教育信息化三要素的作用和关系，才能真正地发挥教育信息化对教育变革创新的引领作用。

第三节　大学教育信息化探讨

近年来，在深度融合这一核心理念的引领下，中国教育信息化发展迅速，“三通两平台”（宽带网络校校通、优质资源班班通、网络学习空间人人通及教育资源和教育管理两大平台）快速推进，已经走出了一条具有中国特色、以信息技术支撑引领教育现代化发展的教育信息化道路。

建设智能化校园，需要统筹建设一体化智能化的教学、管理与服务平台。利用现代技术加快推动人才培养模式的改革，实现规模化教育与个性化培养的有机结合。创新教育服务业态，建立数字教育资源共建共享机制，完善利益分配机制、知识产权保护制度和新型教育服务监管制度。推进教育治理方式的变革，加快构建现代化的教育管理与监测体系，推进管理精准化和决策科学化。

根据国家教育信息化建设的要求，我国高校应积极地响应国家要求，高度重视信息化教育，及时发布专门的教育信息化规划。虽然各高校的信息化基础设施总体已达到较高水平，信息技术教学应用系统也比较普遍，但大学教育的信息化产品的应用大多还处于浅层应用水平。

一、高校信息化教育解决方案

在高等教育信息化方面，我国高校普遍比较重视信息化教育，半数以上的高校发布了专门的教育信息化规划，超过 90% 的高校有专门的预算，信息化基础设施总体已达到较高水平，但实际差异较大，“985”“211”高校发展水平明显较高。就高校信息化教育解决方案而言，清华大学与北京师范大学的水平相对突出。

（一）清华大学的学堂在线

清华大学主导的学堂在线于 2013 年 10 月开始建立，公司运营主体为北京慕华信息科技有限公司，具有两项专利，运营了来自清华大学、北京大学、复旦大学、中国科技大学以及麻省理工学院、斯坦福大学、加州大学伯克利分校等国内外一流大学超过 1900 门的优质课程，覆盖了十三大学科门类。根据国际知名的第三方在线教育机构 Class Central 的报告显示，学堂在线的课程数量和累计用户数位列全球前三、中国第一。

此外，清华大学在线教育办公室组织文理工的一线教师全程参与研发了服务于课堂教学的雨课堂平台，该平台将 PPT、慕课、手机微信融为一体，方便了课堂教学的签到、测试、学习课件分发。该平台目前免费向教师开放，万余所学校内均有教师使用。

总的来说，清华在网课建设、信息化教育解决方案中的运营成绩显著，其在全国高校范围内具有领先优势。

（二）北京师范大学的“智慧教育”

与清华大学以企业为主导发起的网课类教育不同，北京师范大学更偏向于依托其未来教育的高精尖中心，借助自身的教育渠道与政策背景，向中小学提供了智慧教育的相关服务。其中包括“智慧学伴”“三余阅读”“听课本”“京师国学堂”等。

“智慧学伴”是一个面向中小学教育的综合性平台。该平台提供两类服务，一是将中小学生的成绩作为原始数据，对学生的学习成绩、排名进行大数据统计，生成一个成绩曲线报告，在成绩统计上节省人工劳动。二是通过在线测评来记录学生的行为数据，借助知识图谱技术，找出学生的知识点薄弱环节，为其提供智能报告。

“京师国学堂”是北京市教委委托北京师范大学继续教育与教师培训学院进行课程研发与实施，由北京师范大学高精尖中心开发维护，为北京市 13 万中小学、幼儿园的教师提供的社会主义核心价值观与中华优秀传统文化公共必修课程。

目前教育信息化参与者可以分为两类：一类是以传统教育信息化的角色，面向公立体系（如公立幼儿园、K12 公立校、高等院校、中职高职等），提供教育信息化服务（如智慧校园等）；另一类是以新型教育信息化的角色，不仅面向公立体系，还面向民办体系（如民办幼儿园、培训机构、国际学校等），输出信息化服务（如财务、招生、教学、管理系统、智能校园服务等）。

二、大学教育信息化产品应用困境

大学教育的信息化产品应用困境主要有内因和外因两个方面。

内因上，由于在大学教育中教学质量的好坏对教师绩效考察的影响较低，使相当一部分的教师对使用新手段、新技术促进教学工作的动力不足。从学生角度来看，又有相当一部分学生未脱离应试学习习惯，对知识本身的求知欲并不高，因此也更谈不上配合信息化手段来提升自己的学习热情。

外因上，目前公立体系教育信息化产品的用户与购买者角色分离，使得教育信息化产品未能在使用环节中解决使用者的实际需求。公立学校对教育信息化产品的采购以硬件类教育信息化项目居多，软件类较少。软件类平台大部分情况下是一次性采购，前期主要侧重于安装，厂商往往对采购后的后续服务和使用者应用反馈缺乏关注，导致用户使用体验较差，降低了使用率。在核心的教育环节中，由于软硬件教育产品开发者缺乏对教育内容本身的理解、对用户的回馈了解不充分的原因，依旧缺乏真正适合教学场景、能提高教学效率和效果的产品。

此外，随着人工智能技术的发展，智慧教育的呼声越来越高，凡做教育的，无不谈智慧教育；凡谈智慧教育的，无不谈知识图谱。当前阶段，能在教育领域实际应用的人工智能技术，更多是提取简单系统的语义数据，如语音识别、图片识别等，而非对复杂系统进行分析、判断。差别教育系统中，人类思维的智能与机器真正能实现的智能有着巨大的差别。许多教育领域的数据分析类产品在实际场景中被使用的仍是常规的计算机编程技术。

三、我国大学信息化教育的优势与不足

（一）我国大学信息化教育的优势

教学信息化建设逐渐受到社会各界的关注。这就要将我国高校整体的办学宗旨与教学信息化相结合，为人才培养服务。

多样性教学模式。微课、慕课、翻转课堂等正在进一步优化传统的大学课堂讲授模式，改变大学生的知识获取方式。传统的大学教学模式下，每节课的时间为 40 ~ 50 分钟，每次连续 2 ~ 3 节课，从人的认知规律来看，这种模式不能很好地提高学生的学习效率。而微课、慕课的每个视频的时间基本在 5 ~ 15 分钟，每个视频对一个或少数几个知识点进行详细讲解，这种教学模式更符合学生的认知规律。

开放性资源。微课、慕课的出现，使学生能够获得海量的教学资源，满足了学生的求知欲，便于学生根据自身的发展和需求，随时随地地学习需要的知识，灵活地安排学习时间。对于互联网时代的大学生来说，利用微课、慕课进行学习将成为一种重要的学习方式，并且能满足他们终身学习和个性化学习的需求。

多样性教学互动。传统教学方式已不能完全满足现代化的教学现状，传统的课堂教学虽然能够实现教师与学生之间的交流和互动，但是信息化教学在此互动的基础上，还能够在学生与学生之间建立起一个互相交流的平台，在教师与教师之间也能够搭建一个互动交流的桥梁。因此，具有多样性教学互动的信息化教育能够充分提高教师与学生的积极性。

（二）我国大学信息化教育的不足

我国教育信息化经过长期的建设已经实现了软硬设备的配置、基础网络的搭建，但是在整体上还处于推动学校基础设施建设的阶段，更强调对网络设施等硬件的投入和基础管理软件系统的运用，教学内容、教学资源管理等软件的应用较为薄弱，需通过信息化来推动教育的改革与创新。当前，教育信息化行

业优质教育资源总量不足、基础设施不够完善、统筹管理比较薄弱等问题依然存在。而且目前的教育信息化产品大多由软件工程师开发，缺少对教学过程的深入理解，未能真正满足学校、教师和学生的需求，这也使得进入课堂的教育信息化产品的应用情况不尽如人意。

近些年5G技术的成熟、人工智能技术的兴起、虚拟增强现实技术的发展，以及区块链技术的出现，均为我国大学教育信息化提供了技术保障。未来人们将依托知识图谱、数据可视化、增强现实等前沿技术，结合知识技能评价、知识产权保护等措施，逐步尝试建立一个涵盖人类文明知识，连接每一个个体的智力活动的虚拟大学知识库，为每一位智力劳动者服务，更精准地定位专业知识信息，更便利地满足人与人之间的学习交流的活动平台。

第四节　教育信息化与大学课堂

传统课堂教学模式在教育信息化的浪潮中受到了很大的挑战。主动迎接教育信息化浪潮，要以学生为中心，建立以学生为主的课堂教学模式，共享优质教育资源，扩大课堂容量；利用信息化教育手段，创造跨时空的教学环境，实现课堂理论教学与实践教学的无缝衔接。推动传统课堂教学模式向网络化教学模式转型，要提升教师的信息技术水平；扩充网络教学平台的内容与功能；形成多向互动的课堂交流模式；加大过程评价的比重，提升课堂教学的实效。

现代信息技术给高等教育带来了巨大的机遇与挑战。信息技术发展不断深刻地融入到教学过程中，将会彻底改变现有的教学形态，演绎并丰富着新的教育理念、教学理论与方法、教学模式、教学评价体制。为顺应信息化的浪潮，国家将教育信息化提升到了战略高度。充分合理地运用新的信息技术，促进大学课堂教学改革，是时代面临的新挑战。

一、教育信息化为大学课堂教学改革带来机遇与挑战

教育部在《教育信息化十年发展规划（2011—2020年）》的序言中指出：

“我国教育改革和发展正面临着前所未有的机遇和挑战。以教育信息化带动教育现代化，破解制约我国教育发展的难题，促进教育的创新与变革，是加快从教育大国向教育强国迈进的重大战略抉择。”目前，经过20世纪90年代以来的建设，教育信息基础设施体系初步形成，高等学校都建有校园网并以多种方式接入互联网，数字校园建设初见成效。

从完善数字校园的建设，到对教学手段、教学方式产生革命性的影响，再到大幅度提升教学质量，不是一朝一夕之事，需要解决的问题还有很多。先进的数字校园为教学以及学生的生活带来了便利，但也带来了挑战。网络游戏占据了部分学生的大部分课余时间，甚至不少学生沉溺其中。大学的课堂纪律和教学质量正在受到移动互联网的冲击。在课堂教学中，很多教师感觉到，认真做笔记的少了，对着黑板或者课件拍照的多了；抬头听课的少了，低头玩手机的多了，学生上课不在状态的不在少数。如何让学生离开移动互联网的花花世界，回到课堂上，提高课堂的“抬头率”，成为了校园数字化后的新课题。

在全球范围内，教育信息化也引发了巨大的震动。“大规模在线开放课程”在全球迅速兴起，在短短几年内席卷全球数十个国家，拥有了几百万名参与学习者。“慕课”具有免费、开放、获得容易、自主性强、受众面广等特点，以极低的教育成本使上百万人受益，对现有的高等教育模式产生了冲击。

二、积极推动大学课堂教学改革

主动迎接教育信息化浪潮，要加强优质教育资源共享，全面推进以学生为中心、以问题为导向、以任务为驱动的课堂教学改革。

（一）以学生为中心，建立“以学为主”的课堂教学模式

传统课堂以教师为主体，有利于教师把握整个教学活动的进程，系统地传授科学知识，密切师生之间的交流。信息化条件下，这种不重视学生主观感受和客观学习结果的课堂教学模式弊端逐步显现。在教师层面上主要体现为：教师教学观念更新迟缓，教学内容与社会发展实际需求脱节，教学技能、教学方法滞后。在学生层面上主要体现为：学生学习动机短，主动思辨和实践应用能

力弱。当学生通过网络世界便捷地搜寻到最新的理论、观点、方法时，原地踏步的教学内容就无法激发学生的兴趣，教师知识讲授的权威性也面临着巨大挑战。

在以“学生为主”的教学模式中，学生是认知过程的主体，课堂教学围绕着如何发现问题、分析问题、解决问题的线索来展开，开展自主学习、合作学习和探究学习，教学的出发点和归宿是学生的终身学习和可持续发展。以“学生为主”的教学模式重视网络所体现出的实时性、互动性等特性，通过实时的和多方位的交流平台，打破了“教”与“学”的时空界限，教学不再局限于教室，课堂得到了极大的延伸。

（二）共享优质教育资源，扩大课堂容量

便利的网络环境给知识的获取方式带来了巨大的变革。高校教师的知识结构和教学方式面临着巨大的挑战，一本书、一套讲义、几十年不变的讲授方式已不被学生所接受。构建优质教育资源共享体系，不仅是世界高等教育的发展趋势，还是信息化时代高等教育发展的必然选择。课程教学是系统工程，并非课程资源的简单堆砌。网络信息资源也不等同于网络教学资源。虽然从获取信息的角度来说，师生几乎处于平等的地位。但是，网络信息资源堪称海量，真假难辨，信息整理分析会耗费大量的精力，这时教师的主导作用得以凸显，教师能够过滤大量的虚假、无用甚至有害的信息，节省大量的时间。

（三）充分利用信息化教育手段，创造跨时空的教学环境

传统课堂以教室为主要场所，信息化手段的应用可以大大延伸课堂的外延，创造跨时空的教学环境。以法学教学为例，法学课外优质教学资源十分丰富，网络上的法律信息极其丰富。比如《最高人民法院裁判文书上网公布暂行办法》实施后，从 2014 年 1 月 1 日起，最高人民法院、全国所有高级人民法院和中级人民法院生效裁判文书将全部在中国裁判文书网进行公布。网络上存在着众多法学论坛、法律博客、门户网站等。在百度上以“呼格案”为关键字进行搜索，会得出相关结果约 2040 万个。以“民事诉讼法修改”为关键字进行搜索，会得出相关结果约 2570 万个。利用网络教学平台，教师可以在课前引出讲授

问题，学生可以自主收集资料，形成讨论小组，提交初步意见。课后，围绕课堂中形成的观点、意见，形成最终作业，上传到讨论组，供所有同学分享、参考。教学的延伸提高了教学内容的新鲜感、及时性，也提高了学生的学习积极性，提高了学生的学习效率。

（四）实现课堂理论教学与实践教学的无缝衔接

在传统教学中，实践教学独立于理论教学，两者处在割裂的状态中。基于实践教育基地开展的实践教学尚未系统化，规范化的课程体系尚未建立。依托网络化的教学平台，可以实现课堂理论教学与实践教学的无缝衔接，利用信息手段形成时空优势，第一时间将热点法律问题发送给学生。学生带着极大的兴趣，一边从理论上进行分析，一边在热点法律问题发展中验证自己的理论观点，完善自己的知识体系。利用现代化手段，教师完全可以在课堂中搭建认知实践平台、模拟实验实践平台、观摩认识实践平台、实务训练实践平台，形成实用、灵活、开放的实践平台，旨在培养卓越的应用型法律人才的实践性教学模式，培养学生的实务处理能力、法律运用能力和创新实践能力。

三、推动传统课堂教学模式向网络化教学模式转型

网络已经成为大学生获取外界信息的重要来源。与传统课堂教学相比，互联网世界五彩缤纷，课堂上低头玩游戏、刷微博，甚至购物的学生不在少数，不少学校无奈地推出了“手机袋服务”，在上课前将学生的手机全部“收缴”，课后再返还给学生。“手机袋服务”维护了课堂纪律，但与信息化的时代潮流背道而驰。信息化是社会发展的潮流，也是高校课堂教学模式发展的必然趋势。推动传统课堂教学模式向网络化教学模式转变，更新观念是前提，教学改革是关键，机制创新是保障。

（一）提升高校教师的信息技术水平

教师是实施教学活动的主体。要改革教学内容、教学方法和教学手段，发挥学生的主动性，开展启发式、探究式、讨论式、参与式教学，培养学生的自主学习能力，顺利地推进信息环境下的本科教学改革。教师必须转变教学观念，

掌握现代教育教学的基本规律。目前，网络教学平台利用率不高，一个重要的原因在于，教师对信息化教学方式不够重视，对学生利用网络教学平台的引导不够充分。教师沿用传统的一支笔、一块黑板、一个PPT的讲授方式，学生对网络教学平台的热情自然不高。

加强教师网络教学培训，积极地拓展优质课程资源并开放共享。教师应该教会学生如何高效地使用各种网络教学平台，提升大学生识别、检索及使用多种形式信息的能力以及通过网络教学平台沟通的能力，提升学生使用网络教学平台的能力。提高网络教学平台使用效率必然要求教师转变教学方式，融合现代网络资源、网络技术，掌握新资源平台、新技术手段、新通信方式、新展现媒体的使用方式，探索传统教学方式向信息化教学方式的转变。学校要从任职资格、聘任机制、评价机制等方面，与教师的发展形成良好的支持与互动。

（二）扩充网络教学平台的内容与功能

目前，网络教学平台建设目前主要以精品课程的建设为主，以静态展示居多。将现有的网络教学平台与筛选后的网络教学资源库及其管理系统进行整合，可以形成一个完整的网络教学支撑环境。教师可以通过网络教学平台收集、筛选教学素材，获取并发布教学资源，与学生实现不见面的信息交流。学生可以自行安排学习时间、学习地点，还可以自主获得课堂教学所需的背景资料，与小组同学讨论后，在线提交讨论意见。课堂教学告别了教师的单方灌输，使学习充满了个性与自主。借助网络教学平台，教师结合课程教学的特点制作了课程的各类资源，并将各类资源整合成有机联系的系统。在教师的指导下，学生通过网络教学平台进行自主学习，教师结合在线学习情况有针对性地安排课堂面授，对重点、难点进行研讨。学生掌握基本知识，分析、解决实际问题的能力，自主学习和创造性学习能力大大提升，信息素养得到提高。

（三）形成多向互动的课堂交流模式

传统法学的教学以教师讲授为主，形成了一种从教师到学生的单向交流。网络课堂环境、丰富的法学资源库、视频、音频立体化素材等构成了教学情境，网络教学平台提供了网络通信联络，QQ、微信、论坛和博客等提供了教学内容的互动参与平台。原有的黑板、纸质教材成为了课堂教学的基本依据和必要补充。

在教师的指导下，学生的主体位置更为突出，成为了网络化教学的主体。热点问题的发布、学生分组讨论、资料收集、向教师同学求助、阶段性测试、成果展示均可以基于网络教学平台开展。难以在45分钟的时间内展开的背景知识、辅助资料，都可以借助平台发布，学生在课前、课后也能利用平台进行自主学习。多向互动平台延伸了传统课堂时空，使学生能有更多的自由学习空间和时间，创新了教学手段、方式，丰富了教学内容，提高了学生的学习兴趣和主动性，提高了教学质量。

（四）加大过程评价比重，提升课堂教学实效

传统教学以结果评价为主，学生关心的是期末是否“挂科”，“平时不努力，考前抱佛脚”的现象比较常见。随着网络技术的发展进步，传统的、被动的、应试的教学方式被现代的、主动的、兴趣型的教学方式取代。在网络教学平台上，每名学生变得“透明”了起来，参与了多少课前准备，参与了多少话题讨论，得出了哪些独立意见，都体现得一清二楚。从学生在网络环境下的学习行为中一定程度上能衡量其学习态度和效果，并通过可视化方式获得这些信息的反馈。教师不但可以通过最终课业或者考试来判断学生的成绩，从平时的参与程度、参与质量中也可以判断学生成绩，甚至可以实现学生之间的互相评分。由此可见，要加大过程评价比重，就需要切实提升课堂教学实效。

第五节 教育信息化资源发展战略

本节为解决教育信息化资源存在的问题，积极寻找有效策略，做好信息资源的普及和个性化服务，构建统一、规范的动态管理平台，实现对资源的多样化评估。积极开展第三方评价，不断建设、完善多方评价机制，能逐步解决质量低劣、投入浪费、孤立运行等问题，推动资源开发的可持续发展，更好地服务于我国教育事业的发展。

作为文化传播与延续的一种重要手段，教育的目的是实现人的全面发展和文化的传承。在信息化、现代化社会建设的过程中，将教育与信息化技术紧密结合，实现教育资源与信息化资源的融合，不但有利于教育信息化水平的提高和信息技术的普及，而且还有利于我国现代化教育水平的提高，是信息化、现代化发展过程中必不可少的组成部分，也是我国教育事业发展和改革的重要趋势。

一、教育信息化资源建设特点

教育信息化建设有两层意思：一是将信息教育作为教学中的重要教育内容，在课程内容中添加信息技术知识，培养学生的信息技术技能，以提高人才对现代化社会的适应力，促进学生的全面发展。二是将信息技术与教育活动相结合，推动网络技术设施在教学中的应用，提高教育对现代化社会的适应力，使其跟上时代的步伐，革新教学方式和教育体系，有效增强教育效果。教育信息化既具有教育的作用，同时又兼具技术性。从技术层面来看，教育信息化是利用了信息技术的数据分析处理、资源管理、信息传播分享等功能来实现智能化、信息化，依靠网络技术节省空间、时间，合理配置教学资源。信息化的教育性体现在教育引进信息技术上，一切举措都是为了提高教学的实施效果，为了教育的发展，提高文化传播的效率，将教育资源进行分享，促进各教育院校共同进步。教育与信息两者共同促进、互相合作。

二、我国教育信息化资源发展问题

资源质量参差不齐。目前，我国教育信息化资源数量相对较多，初步形成了信息化资源体系。通过对征集到的中小学教育信息化资源进行审计、评价，发现只有不到 20% 的教育信息化资源达到了预定标准，绝大多数教育信息化资源基本上无法满足中小学教育的需求。具体表现为：一些学科的教育信息化资源较少，存在交叉、重复的问题，绝大多数学科教育信息化资源数量较多，质量参差不齐，甚至存在重复开发和教育信息化资源浪费的问题。

信息化平台普及不力。随着经济社会的快速发展，互联网、信息技术的不断推广和普及应用，我国已经全面进入了信息化、现代化建设阶段，信息技术已经被广泛应用到各行各业、各个领域，教育行业同样重视信息技术的引入和利用。研究发现，我国绝大多数高等院校、中小学都采购了信息化技术设备，并将信息技术作为了学生的必修课程之一，部分课程已经实现了全程信息化教学，但是与预期目标相比，依然存在较大差距。相当一部分学校认为仅仅使用了信息化设备就是实现了教育资源的信息化。其实不然，教育信息化资源不仅要使用信息化设备，而且还要利用信息化平台，通过信息化平台来改变传统单一结构的教学模式，进一步丰富教学内容。因此，信息化平台普及不到位，是我国教育信息化资源发展面临的核心问题之一。

资源交换共享不到位。为了从根本上解决我国教育资源管理混乱、重复建设、低效运用、难以共享等问题，20 世纪末，我国学者黎加厚在研究中提出了小课件、小素材组合重用的设想，但经过十几年的建设，至今尚未形成科学、有效的教育资源共享机制，说明我国教育信息化资源的发展严重受阻。在教育信息化资源发展过程中，我国面临的一个主要问题就是资源交换共享不到位，各信息技术、信息设备开发主体为了追求自身利益最大化，设置了技术壁垒，平台与平台之间不能进行数据交换和信息共享，直接降低了信息数据的检索效率，浪费了大量的人力、财力和物力，不能使有限的教育资源发挥最大的作用，导致信息孤岛、平台分离等问题十分突出。

三、我国教育信息化资源发展战略

提高质量，普及应用。纵观世界各国教育模式的发展趋势，教育信息化资源发展是其重要的构成部分，这就要求我国教育主管部门和教育机构做好教育信息化资源建设工作，在增加教育信息化资源数量的基础上，提高教育信息化资源质量，并使其进一步得到推广和普及应用。教育信息化资源发展战略的核心目的是推广和应用，让学习者能够学懂、学会，并熟练运用。从某种意义上来讲，推广、普及教育信息化资源，主要是为人们提供丰富的资源，确保人人都有资源可用，而并非必须达到某种级别或水平。

大力建设和普及信息化平台。尽管通过教育能够获取到更多的文化知识，但是在文化知识获取的过程中，教育同样面临着一定的局限性，特别是庞大的资源规模需要占用很多的时间、空间，而通过信息化平台能够节约大量的时间和空间，并且能够起到快速传播知识、传递消息、数据交换、信息共享的作用。针对当前我国教育机构忽视信息化平台建设和应用的问题，笔者认为，各级高校、中小学要进一步统一思想、提高认识，积极、广泛地开展有意义的网络教学活动，大力建设和开发信息化教育平台，实现教育模式的多元化和多样性。

实现资源高度共享，构建科学的评价机制。如前文内容所述，我国教育信息化资源共享化程度较低，部分信息化平台之间信息、数据不能进行有效的对接和交换共享，从而给使用者造成了一定的困扰。因此，要构建一套科学可行、互联互通的教育信息化网络体系，实现各类教育资源的融合、共享，体现出教育信息化资源的运用优势。

世界依靠网络信息技术连成了一个整体，经济、文化往来更加密切，在社会发展过程中，网络信息技术还会不断的发展，发挥更大的作用。作为文化传播的重要途径，教育必须与时俱进，跟上时代的步伐，要将教学与信息技术结合，把信息技术加入到教学内容中，提高现代教学的教育水平，培养适应新时代社会需求的人才。在运用信息技术的过程中，不断革新教育方式，完善教学资源，与信息技术相互作用，共同进步。

第二章　大学英语教学及其改革

纵观大学教育发展状况，英语教学在促进社会发展和培育综合性实用型人才方面发挥了不可磨灭的作用。但是语言也并非是一成不变的，而是随着社会的发展而不断变化和进步的。因此，针对这种情况，在大学实施英语教学的过程中也要与时俱进，适时调整策略以符合和满足学生的实际需求。但是英语对于我国来说，始终是一种外来语言，是与我国的语言使用习惯有所差异的。这就要求我国高校在开展英语教学改革的过程中要从实际出发，充分考虑我国的国情和当代大学生所具备的英语水平，以及教学大纲的要求等内容，以学生为中心。本章节的内容主要包括英语教学的内涵及要素、英语教学的理论基础、英语教学所面临的现状和英语教学进行改革的历程和必要性，下面就一一进行分析。

第一节　英语教学的内涵及要素

英语教学所涉及的方面是非常广泛的，我们可以将其理解为一种融理论、方式、方法和改革为一体的综合性语言教学活动，这一节主要从内涵与要素方面入手，为后面的论述做好铺垫。

一、英语教学的内涵

（一）教学的定义

英语教学的内涵具有十分广泛的意义，需要进行多方面的了解，首先要明白和清楚的是“教学”这一基础概念。由于“教学”是一个广义的概念，涉及方面很多，因此，不同的学者所侧重的方面的不同也会导致对这一概念的定义出现一定的差异。

1999 年，我国学者胡春洞将“教学”所涉及的内容概括为以下两个方面。首先，“教”与“学”是处于同等地位的一种并列关系，而不是谁需要依附谁的从属关系；其次，教学过程是一个传递学习内容和学习方法的过程，是使动关系。通过对教学以上两种关系的分析，我们可以将教学过程理解为是一种辩证关系和双向关系。教与学是两个不可分割的个体，学是教的前提和目标，一切应该以学为出发点。从某种角度来说，教与学的规律具有很大的一致性。

关于教学的定义和发展，可以从以下方面探知一二。

其中，2002 年版的《英汉双解　现代汉语词典》对教学所做出的解释是：教师把知识、技能传授给学生的过程。只不过随着时代的发展，我们发现这一定义具有很大的狭义性，只是将“教学”当成了一个术语来进行理解，并没有涉及深层方面的含义。

另外，2003 年版的《朗文词典》将 Teaching 定义为：work，or profession of a teacher。翻译过来我们就可以将其理解为教书或教学的意思。另外，词典中专门对 teachings 进行了解释，经过翻译之后可以理解为“教义、教导、学说”的意思。从上面的解释中我们可以看出来，teaching 与 teachings 所代表的意思是完全不同的。但是，比较遗憾的是，这两个定义虽然比以前的概念有所发展和突破，但是依然没有将“教学”所代表的全部实际意义表述出来。

总体来说，通过前面对教学定义的阐述，我们认为教学的含义需要包括三个方面的内容，即教学、“教”与“学”的区别、教给学生如何学习。这三个方面是处于同等重要的位置的，且不可或缺。

（二）英语教学的定义

英语对于我国来说，是一种外来语言，其在实际的使用过程中还是存在一定困难的。毕竟不是作为母语使用，因此使用范围还是受到限制的，适合语言学习的环境和对象都相对匮乏，这些都直接影响着我国英语教学水平的提升和大学生对英语的使用能力。

英语教学体现的是教学的最本质的教育意义，这主要是相对教师和学生来说的。从教师的角度来说，教学是教师对学生的学习行为进行有效指引和帮助的过程；从学生的角度来说，教学则是跟从教师的指导而进行的活动。而检验教学效果是否达到预期目标的标准则是学生是否得到相应提升和发展。教学涉及的是教师和学生两个方面的内容，是一个教师教和学生学的双向行为。整体来说，有关英语教学的基本内涵可以从以下三个角度来进行理解。

（1）英语教学的过程可以归结为系统性和计划性的完美结合。系统性主要是指其制定者是教育部门、教研机构或者是学校的教学管理者等，不可以自己随意更改。而英语教学的计划性则指的是在英语基础知识的相关技能传递规划。

（2）英语教学存在一定的目的性。英语教学在我国的开展是分有不同阶段的，而不同阶段所要达到的目标也是不同的。

（3）英语教学活动的开展需要恰当的教学方法的支持。英语教学在经历了长时间的在中国的发展，形成了一套自己的行之有效的教学方法。再加上如今的科技和教学设备的不断更新，都为英语教学的发展提供了技术支持。

经过前面的阐述，我们对英语教学有了一个更全面的认识，因此将其内涵总结为：教师在特定的教学目标和教学目的的促使下，经过系统性计划，在相关的技术和方法的基础上，对英语知识进行传授，从而形成一种有效的促进教师的教和学生的学的统一过程。

（三）英语教学的实质

英语教学所体现出来的意义远远超过了语言教学的范畴，其更重要的是侧重于文化教学。以下就分别从语言教学和文化教学两个方面来进行阐述和说明。

（1）英语教学属于语言教学范畴。英语属于语言种类，是一种交际手段，根据这样的论述，我们将对其进行的一切教和学的过程称为是语言教学也就不足为奇了。其实不难理解，语言教学都是以实现学生对语言的准确掌握和正确使用为最终目的的。英语对我国人民来说，是外来语种，是作为第二语言进行学习的，所以开展的教学活动也可以称为外语教学。纵观人类外语教育的发展史，任何一种外语在进行教育的过程中都与知识教育的开展有着密切联系，重视外语基础知识的培养对开展外语教学意义重大。从这个角度来说，以英语教育为基础的语言教育其目的就是要使学生具备运用英语的能力。

不过，我们需要认识到那些不是将语言进行使用而是以语言知识为基础进行的研究行为是不属于语言教学范畴的。特别是一些如今已经不再使用的语言形式，如对古汉语的研究，这种语言学习是和我们通常理解的语言教学是完全不同的概念，因此要将二者进行区分。

（2）英语教学属于文化教学范畴。自古以来，语言的产生和文化就有着不可分割的关系，语言是以文化为基础产生的，同时又承载和反映着文化。在对大学生进行英语教学的过程中，不仅需要让他们对基础的语言知识有一个基本的掌握，同时还要注重对他们的英语思维能力的培养和锻炼，从而提高他们综合运用语言的能力。如果是从这个层面来对两者进行理解的话，英语教学和文化教学在某些层面上是一致的。

二、英语教学的要素

教学的组成要素是非常多的，构成了一个复杂的系统。实际中为了更好地进行区分，将众多英语教学要素划分为实体与非实体 2 部分。

（1）实体角度。从这个层面来划分的话，英语教学要素主要有教师、学生、教学媒介等方面。由于英语的外来性，所以就导致了英语教学活动的开展需要依附于英语教师这一媒介。学生在进行英语学习时需要英语教师的指引，因此英语教师对学生来说至关重要，并且直接影响着学生英语水平的发展程度。在这一教学过程中，学生是整个学习的主体部分，是构成教学系统的最基本的要素。教学媒介的构成有教材、教具和其他一系列对英语教学有辅助性作用的工具，它们共同构成了影响和保证教学质量的重要方面。

（2）非实体角度。从这个层面来划分的话，英语教学要素设计所涉及的内容是多方面的。主要有教学的内容、方法、目标、评价，教师的教学水平、学生的学习能力、学生的思想水平的发展状况以及学校的校风等。

不过，在对英语教学进行研究时，掌握和了解教学元素是一切活动开展的基础。我国传统教学模式由来已久，并且在一定程度上对英语教学的进程产生了阻碍，英语教师将主要的侧重点放在了对学生的基础知识的传授方面，却相对淡化了对学生综合英语水平的重视程度。学生在教学元素的构成中具有重要作用，如果可以认识到教学改革过程中学生的主体作用的意义，这对整个的英语教学体制改革的进程是有利而无害的。

第二节　英语教学的理论基础

英语教学活动并不是凭空而来的，而是基于一定的理论知识建立起来的，因此具有相对的科学性。只是这些理论又分为不同的分支，各理论的研究者因为研究的方向不同，所以产生的理论也各有侧重点，这就导致了最终对英语教学的结果的影响也有所差异。提高学生对英语基础知识的认识和了解可以在一定程度上促进英语教学向着更加科学和有效的方向发展。以下就列举一些常见的英语教学理论进行逐步阐述。

一、结构主义理论

在整个的英语教学过程中，结构主义理论一直起着至关重要的作用。而且在 19 世纪和 20 世纪上半段一直都处于重要位置，下面就结合英、美两国的研究成果进行举例说明。

（一）美国的结构主义理论研究

美国的结构主义理论研究，是以对印第安人的口语研究为基础，然后再经过不断发展所形成的相对成熟的基础理论。语言学家通过符号语言将印第安人的口头语完整地记录下来，然后从各个角度对这些被记录下来的样本展开研究，希望通过这种方式来找到语言之间相同的部分。最后，这些语言学家得出的结论是——语言是一个意义语码化了的系统。

音位、词素、单词、结构和句型共同构成了结构成分，并且运用到了整个语言系统中。美国的研究结构主义语言方面的专家在经过一段时间的研究之后将有关印第安口语方面的研究方法应用到了其他有共同之处的语言分析中，但是结果却显示出口语与传统语法之间是存在一定区别的。

美国结构主义语言学家认为：某些观点指出的口头语因其不规范性而受到传统语法的排斥而被视为是错误的语法表达这种观点是不够全面的。这些学者都觉得口语的表达方式摆脱了传统语法规则的限制，具有更大的灵活性，因此如果要开始进行语言的学习就需要以口语为突破口，然后逐步深入。而这种口语学习主要指的是向那些以这种语言为母语的人来进行学习，而不是照搬语法课本上有关这方面内容的描写那样进行学习，还要顾及什么是不可以说的。此外，语言学家在对这一过程进行分析和研究的进程中发现了语言都有各自的特性，而且表现在词素、音位和句法这三个系统中也是有所差异的，并且也会因为语言的不同而导致在这三个系统中的成分和结构都不同。所以，大学生在学习英语的过程中还要特别留意这些语言之间的异质性。

美国结构主义语言的研究在某个层面可以说是有关英语教学新研究的先行者,并且研究的成果为后面开展的外语教学提供了重要的理论依据,其意义重大。

1961 年，在第九届国际语言学家会议上，美国语言学家威廉·莫尔登所进行的演讲对教学法在实施过程中应该遵循的主要原则进行了明确指示和总结。其内容可以概括为：“语言应该是一种口语形式，而不是标准的书面形式的语言……语言应该是一套行之有效的行为习惯……教师向学生教授的应该是语言，而不是传授有关的语言知识……语言指的是以该种语言为本族语的人的日常说话方式，而不是个别人想当然地认为他们可以自由发挥……各种语言都是有所差异的，不会完全一样……”

通过上面这一段有关语言的描述我们可以发现其中有关结构语言观的具体形式，这是学者对结构语言学的最直观表达和总结。另外，这些原则的叙述对听说法的建立和发展起到了直接的决定性影响，在此基础上久而久之就形成了一种新的语言形式——听说法的语言观。

（二）英国的语言结构研究

相对于美国对结构主义理论研究做出的贡献，英国也不甘落后，并且成果显著。只不过英国语言学家对语言结构的研究更多的是将注意力放在了对句型结构的研究上。

其中具有代表性的人物要数英国语言学家帕尔默和霍恩比两个人了，他们和另外一些语言学家一起从 20 世纪初期就开始了对英语句型特点的分析和研究工作。并且他们还从句型对英语语法的影响的角度进行了总结，这一思想和理论在霍恩比所著的《英语句型和惯用法》一书中有深刻体现，以便让后面的学者进行学习和借鉴。

霍恩比在上述所著的书中，将研究重点放在了英语的动词和句型上，最后得出的结论是包括 3 种形容词句型和 6 种名词句型在内的总共 25 种句型。值得一提的是，这本书在对句型的意义进行说明和解释句型之间的转换性的过程中运用了大量的语言实例来作为辅助材料，这在一定程度上增强了本书的可读性和价值。

这一理论在如今依然适用，并且霍恩比等学者对英语句型的分类和描述在新出版的《牛津高级现代英汉辞典》中仍有体现，可见其划时代意义非同一般。前期这些英国语言学家所进行的有关语言和句型结构方面的研究都成了后期情景教学法的参考来源。

二、行为主义理论

行为主义诞生于20世纪20年代，其中以华生（J.B.Watson）的研究最为突出，因此其成了早期行为主义理论的代表人物。华生对行为主义研究的重点放在了动物和人的心理这两个重要方面。他比较注重客观事实，于是主张直接观察到的行为也要用客观的方法来进行研究。华生认为人和动物行为在某些方面具有很大的一致性，那就是刺激和反应。心理学所研究的只是局限于表面的刺激如何引起和决定反应的发生，而产生这种行为的内部过程是怎样的就不再去深究了。华生认为动物和人一样，所有的复杂行为的产生都是在一定的外部环境的作用下通过学习实现的。针对这种理论他提出了著名的刺激 - 反应（S-R）公式，也就是行为主义心理学的公式。

该理论主张学习是一个人的外在的可见的行为表现，学习行为的产生依赖于一定的外界刺激，学习者对这些外界刺激做出反应便产生了相应的反应，这些反应我们就称为学习行为。后来行为主义学习理论得到了人们的普遍认可，被广泛应用于教育实践当中。该理论要求教师引导学生的学习行为并矫正学生的不当行为，要努力为学生创设适于学习的环境。教师也要看到学生的闪光之处，要最大限度地鼓励和强化学生的适当的学习行为，相对削弱其不适宜的学习行为。但是，行为主义学习理论也存在一定的弊端，该理论将教师的位置和作用看得过于重要，教师在教学中占据着主导地位，而学生是教师灌输知识的对象，教师的职责就是向学生传授知识，而学生只要根据教师的教导消化和吸收所教给的知识即可。该理论并不注重学生学习的主动性和创造性，在很大程度上抑制了学生的创造天赋。

早期的行为主义还不够成熟，对语言和言语行为的研究还没有通过科学的实验方法进行有效验证，不过 S-R 公式对后续结构主义语言学的产生起到了重要作用。其中值得一提的就是结构主义大师布龙菲尔德（L.Bloomfield）的代表作《语言论》的产生就与 S-R 公式的作用密不可分，并且在书中该公式理论清楚可见。他在书中采用了杰克（Jack）让吉尔（Jill）摘苹果的例子来对 S-R 的语言行为模式展开进一步的说明。在具体的论述过程中，它特别注重作为声音 S-R 言语行为的研究，他认为 S-R 是物理的声波，并将其引用到实际的语言教学过程中。简单来说，就是在语言教学过程中，首先由教师对学生产生声音刺激，然后学生再根据声音刺激做出相应反应。

同样，对华生的行为主义进行了相应的继承和发展的还有美国学者斯金纳（B.F.Skinner）。1957 年，他发表了《言语行为》一书，他认为言语都不是主动生成的，而是在外界的某种刺激的作用下而来的。这里所说的“某种刺激”并不是一个特定指向，而是既有外部的因素也有自身的内部因素。同时，言语行为不断得到强化的过程也正是学生们获得适合的语言形式的过程。我们可以理解为，如果没有强化作用的存在，也就无法获得相应的语言知识。

行为主义和听说法在一定程度上存在着十分紧密的内在一致性。从某个角度来说，听说法的建立与行为主义中的语言学习理论的支持是分不开的。语言的学习和掌握是一个复杂的过程，即刺激—反应—强化，而且也不是一蹴而就的。反映到实际的教学过程中就是学生需要根据教师的讲授过程而做出自己的反应，以表示这个过程是有效的。而此时教师的责任就是对学生的这一反应过程进行进一步的加强，然后再根据学生的反应进行分析和判断，最后选出正确的并使其反复应用。还有需要注意的就是，教师在教学过程中要特别注意培养学生的好的学习行为，而对那些错误的行为进行及时指正。

三、二语习得理论

二语习得理论构成了英语教学的重要组成部分，其研究主要包括国内和国外两个方面，下面就从这两个角度分别进行讨论。

（一）国外二语习得的研究

在对一些资料进行学习和研究的基础上，以各阶段的发展顺序为主线，将整个的二语习得研究分为 5 个阶段进行论述。

1.20 世纪 50 年代以前

在 20 世纪 50 年代以前，人们还是以行为主义理论认识为基础来对母语与第二外国语言进行区别和划分。在这一时期，语言学家也进行了很多研究并发表了一些相关作品。只不过，此时也出现了一些与这些行为观点和理论相反的言论，甚至是强烈反对，为首的就是诺姆·乔姆斯基（Noam Chomsky）。只不过这些相反言论并没有引起社会和大众的足够重视，依然还是以行为主义论为主旋律。这一时期的二语习得理论还处于发展和研究阶段，距离发展成为一种独立学科还需要一定的努力。

2.20 世纪 60 年代

20 世纪 60 年代早期，人们开始关注和研究第一语言习得理论中的儿童内在语法，这些研究都为后来的二语习得理论的研究起到了一定的辅助作用。

这一时期的主导性理论是以乔姆斯基的理论为代表的。这一时期后期，二语习得理论的研究和发展迅速得到提升。从这个角度来说，二语习得理论的研究才开始进入白热化阶段。这一时期，研究者们关注的是语言教学法和教学质量提升的方法，最重要的还是研究人们通过什么样的方式来进行第二种语言的学习。

3.20 世纪 70 年代

到了这一时期，对二语习得研究的重点转移到了学生的身上。这一阶段产生的中介语理论可以说是在全世界范围内引起了强烈反响，甚至有人形象地将其比喻为学术界的第二次革命。

4.20 世纪 80 年代

到了这一时期，二语习得理论研究的重点又转向解释第二外国语习得和理论的测试方面，并相继出版了相关的作品。

这一阶段，得到突出发展的是普遍语法和第二外国语习得理论这 2 种理论基础。人们对二语习得理论的研究热情越来越高涨，并且很多人为此花费了很大的精力。很多研究者更是倾注心血致力于二语习得和语言教学之间的内在联系，并取得了相应成果。

5.20 世纪 90 年代以后

20 世纪 90 年代以后，很多研究者将研究的重点转向了研究学习者通过什么样的方式可以获得相应的第二语言上，这一时期二语习得理论得到了空前发展和繁荣，各学者的观点和研究层出不穷，出现了百花齐放的局面。

时间到了 21 世纪，研究者们的研究重点又发生了变化，这一时期人们重点研究的是对学习产生影响的各种外界的社会文化因素的层面，同时也有相应的理论著作的诞生。这一时期具有代表性的理论要数社会文化理论和认知理论了，有关这两方面的研究也是层出不穷。

（二）国内二语习得的研究

我国关于二语习得理论的研究相对于国际上其他国家来说，开始得算是比较晚的，这也就造成了研究成果与其他先起步的国家相比产生很大差距，其实这与我国的发展历史是有一定关系的。在相关理论的支持下，我国将二语习得理论的相关研究分为以下三个阶段。

1.1984 年到 1993 年期间

这一时期，人们对二语习得理论的研究还处于初级阶段，关注的主要是介绍、探讨和初步应用方面。对我国来说，开始真正意义上的二语习得理论的研究是到了 20 世纪末才开始萌芽的。1984 年，当时北京外国语大学的胡文仲教授的一篇“语言习得与外语教学——评价克拉申关于外语教学的原则和设想”的文章得以在《外国语》的第一期上发表，这在当时引起了极大的轰动，可以说是我国研究二语习得理论的第一人，这标志着我国开始正式进入了二语习得理论的研究阶段。

从这以后，我国有关二语习得理论的研究文章出现在国内的各大期刊中，迅速传播开来。这一时期的研究内容主要包括中介语研究二语学习者的相关因素等方面。

2.1994 年到 2004 年期间

这一时期是我国的二语习得理论研究平稳发展和趋于完善的阶段，到了这一时期，我国的二语习得研究已经取得了相应进步，可以说已经比较完善了，研究内容主要涉及以下 4 个方面。

（1）研究类别向外进行扩张，主要包括理论和实际应用两个方面。

（2）研究方法多样，包括思辨式、经验型文献研究、逻辑式和更具科学化的实用性研究。

（3）研究层面提升，我国有关二语习得的相关研究开始的时候只是停留在语素、语音、语法这三个层面，到了这一时期逐步向话语和应用的方向靠拢。

（4）研究对象得以发展，并且有关的学术研讨会还专门成立相关的二语习得研究专题进行讨论。

这一时期，有关二语习得理论的相关文章相继得到发表，而且高校内还专门设立了相关的专业供大家学习，这使得我国有关二语习得理论的研究又上了一个新台阶。

3.2004 年至今

2004 年发展至今，我国有关二语习得的研究也在不断进步和发展，不再是过去单纯地存在于认知方面了，而是逐渐向认知与社会文化相结合的研究方向进行转移。

社会文化理论的发展同时为二语习得理论的研究提供了帮助。

通过我国对二语习得理论的相关研究和取得的成果，我们发现我国学者的相关理论对国际上关于二语习得研究的发展也做出了一定贡献。只不过我们需要认识到的是，该领域的很多问题还没有得到根本解决，而且将来一定还会遇到更多的困难，因此需要我们更加不懈努力进行探索和研究。

四、对比和错误分析理论

对比和错误分析理论一直也是我国英语教学发展进程中一个不可忽视的理论基础，以下就对其进行详细分析。

（一）对比分析与迁移

对比分析是一种应用性对比分析研究的理论，它的产生与行为主义心理学中的联想理论和刺激反应理论有着密切关系。以对比分析为基础可以帮助解决外语教学过程中所遇到的一些问题，还可以分析出存在的原因，以此来促使语言学习行为的形成。

20 世纪 60 年代以前有关对比分析理论的呼声就有了，而且将语言学习定义为是一种语言习惯从母语向外语进行迁移的过程。如果教师在进行外语教学以前就对所学语言和母语之间的区别进行了研究的话，那么就会很容易地发现其中的异同点，也能提前做出预防措施。当时的人们对这一方法很是认同，他们认为只要知道了母语和外语之间的差异，就可以对可能出现的问题进行一定程度的预测，而且即使是错误已经产生了，也可以在对比分析的作用下得到相应解决。

其中关于这一理论的阐述有很多，比较具有代表性的要数美国语言学家拉多（R.Lado）在 1957 出版的一本名为《跨文化语言学》的作品了。书中，拉多将在二语习得过程中所遇到的问题与难题归结于是受到母语的干扰，甚至从更深层次来说是母语与外语结构上的差异所造成的。由此我们得出，在实际的二语习得教学过程中应该致力于对语言结构差异问题的解决。通常来说，语言之间的差异越大，那么在学习过程中遇到的难点也就会相应增加。根据这一结论，拉多认为在实际的二语习得教学过程中有关的考试方向的确定、教学内容的选择和大纲设计的内容都要从对比分析理论的层面进行考虑。由于不同国家所使用的母语是不同的，那么在进行教材的选择时也应该将这一因素考虑进去从而选择不同的教材。另外，拉多在他的书中还使用了举例子的方式来对对比分析进行解释和说明。例如，学生所使用母语的方言因素也会在一定程度上影响英语学习的效果。

（二）错误分析

根据前面对比分析理论的解释，主要涉及的是母语和英语由于语言结构上的不同而导致的在学习过程中出现问题，并且两种语言之间的差异越大，母语对学生在学习中产生的影响也就越突出。如果教师可以掌握其中的规律，就可以了解对学生二语习得造成障碍的重要方面。只不过随着时间的推移，人们逐渐认识到母语并不是影响学生二语习得进程的唯一原因，甚至对对比分析预测出现的问题提出了质疑。基于这方面的原因，有些语言学家就开始致力于对外语学习者所产生错误的研究，并对这些错误的类型进行归纳和分类，然后分析出是什么原因导致出现这些问题。

学习者的错误可以分为两种，即“行为错误”和“系统错误”。例如下面两个错误：

The thought of those poor children were really...was really...bothering me.

想到那些穷孩子就使我烦恼。

She teached me English.

她教我英语。

第一句话中出现的错误是使用者在使用语言时的“行为错误”，这种错误是比较容易发现的，大多都只存在于表面上。其实在这一过程中使用者是知道所使用的语言项目的正确用法和所用场景的。

第二句话中有关语言使用不恰当的错误我们又将其解释为心理语言学研究中的“系统错误”，另一种说法是“能力错误”。这种错误指的是学习者并没有意识到自身哪里出现了问题，从这个角度来说的话这一错误就与学习者自身的对语言的掌握能力有关了，而并不是使用层面的问题，所以也就有了“系统错误”一说。

学习理论不同，对所呈现出来的错误的看法也是不一致的。在行为主义心理学看来，人们对于语言的学习过程是刺激与反应的发生，第二语言的学习也不过是一套美好习惯的形成罢了。持这一观点的人们认为学生在使用外语的过程中所产生的错误在很大程度上与自身的还不完美的习惯有关，因此教学所要达到的目标就是想尽一切办法避免这种错误的发生，比较有效的方法就是教师在课堂上使用合乎规律的句型进行演练。

（三）对英语教学实践的启示

“语言迁移”，从字面的意思进行解释就是在母语的习得环境中学习的知识逐渐向外语进行迁移的现象。在我国大部分语言学习者都是在掌握了母语使用规范以后才开始学习外语的，所以在学习过程中母语的适应习惯就会时时刻刻影响外语的学习，这一过程可以理解为“语言迁移”的副作用。从这个层面来说的话，迁移就有了正负两方面的影响的区别。当外语与母语存在很大相似性时发生的是正迁移。当外语与母语之间既有所谓的相似性又有本质上的不同的时候，就相应增加了负迁移的发生概率。

正迁移是指向着对学习语言习惯有利的方向进行转移的过程，当母语与外语的形式相同时就会发生正迁移，正迁移对学习者学习外语很有帮助。

负迁移对语言学习的作用在很大程度上是可以和“干扰”画等号的，是指按照母语的使用习惯和表达方式来描述外语的用法而带来的负面影响，会阻碍外语的学习。在实际学习过程中遇到母语负迁移的情况时有发生。其中在成年学习者的身上表现得比较明显。此时他们已经完全掌握了母语的表达方式和习惯，因此在外语的学习过程中就会不自觉地引入母语的概念，这时候出现的错误就可以理解为母语对英语学习的负迁移作用。这种情况发生比较多的是学习者刚开始接触英语学习的时候，这时候英语对他们来说是完全陌生的语言，所以一切都会从母语出发，而且大部分的“中式英语”都是在这一阶段产生的。

根据行为心理学的研究结果显示，学生在英语学习过程中产生错误的原因归根结底还是其自身英语习惯的缺乏。因此，学生在学习过程中对出现的语言错误必须做出及时纠正，教师则要起到相应的监督和指导作用，发现错误苗头就要及时消灭。因为错误无论大小，对于正确的语言行为来说是极为不利的。但是在实际情况中并非如此，拒绝一切错误并不是明智的选择，并不是所有的错误都会对学习产生严重影响，有的产生的影响甚至是不明显的。从这个角度来说，教师要允许学生在学习过程中发生一定的错误，然后根据错误出现的类型进行有针对性的教学。例如，如果教师想要对学生重点进行句型方面的训练，那么教师就应该将精力放在对整体错误的识别上，做出有针对性的训练计划，而不是去搜集局部错误而浪费时间。

五、中介语理论

“interlanguage”，我们将其翻译为中介语，甚至可以将其理解为“过渡语”。中介语通常将自身所具备的母语作为起点，而第二语言的最终获得是终点，而中间的那部分内容都可以概括为中介语。中介语概念的出现最早是由英国的语言学家塞林格提出的，这主要源于他在 1969 年的时候发表了一篇名为《语言迁移》的文章，文中他首次使用了中介语这一概念。接着在 3 年之后他又趁着热度发表了一篇名为《中介语》的论文，其中更是进一步对中介语的概念展开了全面剖析，确立了中介语理论在二语习得研究过程中的中心地位，让人们对中介语有了更深层次的认识，将中介语的理论研究推向了高潮。不过在此之前，也有学者也曾使用过“近似语言系统”“过渡能力”和“特殊的语言”等这些近似的术语对这一理论进行过阐述，不过影响范围较为深远的还要数“interlanguage”这一说法。

中介语理论的产生与外语学习过程分不开。但是因为其既与学习者的母语不同，又与外语不一致的特性，决定了其只是在学习过程中随着发展进程的推进而发生动态变化的形式，这种动态性变化指的是不断向目的语进行靠拢。而这种靠拢实际上就是母语向目的语的逐渐过渡，所以也就有了“过渡语”这一说法。说到要对中介语展开研究的目的，还要从探究第二语言的学习本质谈起——寻找到其中的规律性，从而为二语习得提供可靠的科学依据。

国内外有关中介语的研究一直没有间断过，始终处于发展阶段，但是所涉及的方面主要还是停留在母语与第二语言的对比分析和学习者学习过程中的错误分析这两个方面。中介语的存在作用是帮助学习者在进行第二语言的学习过程中学会使用中介语进行母语向目的语的过渡，以实现最终可以熟练运用的目的。从这个层面来说的话，中介语对进行第二语言学习的学习者来说就是不可逾越的一个步骤，甚至可以说是一个动态的连续体。

主要体现出来 3 种不同的连续体，在此基础上我们可以总结出 3 种不同的观点，具体描述如下。

（1）首先我们可以看出来的是，学习者不管是进行何种语言的学习，都和自己所持的母语是分不开的，都是以母语作为起点的。

（2）我们可以认识到连续体都是以普遍语法作为开端的。

（3）可以看到都是以学习者的母语和普遍语法的混合体为开端的。

根据上面所阐述的理论，我们可以得出这样的结论，那就是影响中介语的因素并不是单一方面的，它主要受母语和第二语言的双方面影响，在这个连续体里我们可以将三者之间的关系进行描述。

其实对中介语理论展开分析的过程实际上也是一个不断发现的过程，通过对中介语的分析，我们发现如果以学生在第二语言学习过程中所产生的错误为出发点可以有效反映出中介语的发展状况。这就要求教师在实际教学过程中不应该对学生的语言学习错误进行过多指责，而是要分情况进行宏观指导，如果教师此时一味指责会对学生学习语言的积极性造成一定影响。而作为学习者的学生则可以通过这一学习过程对自身的一些错误进行认识和改正。

有研究显示，过渡语在错误产生的背后发挥着持续的作用，而且还不断变化着，在此基础上构成了一个所谓的中介语连续体，并且一直存在于二语习得的整个过程之中。不过需要注意的是，在二语习得的过程之中我们允许一些错误的存在，然后对其的产生进行分析，以此促使学习者的中介语向更加完美的外语靠拢。

六、输出理论

输出理论也是影响语言学习的一个重要理论，并且发挥着重要作用，主要表现在以下方面。

（一）斯温纳输出假设

斯温纳（Swain）提出了输出对于二语习得过程的重要作用，这一假设的提出主要是根据她的“浸泡式”教学实验为前提的。斯温纳对她的浸泡式教学提出了基本的原则，其主要要求是她认为二语习得应该是进行一些其他学科学习的工具，而获得语言的过程就是学科内容的一种“附属品”。为了验证浸泡理论的正确性，斯温纳专门在加拿大进行了有关这一理论的实验，研究证明使用浸泡理论的学生对第二语言的输出能力有了一定提升，但是如果与自身的母语相比的话还是存在一定差距的。斯温纳在对这一现象进行研究之后，得出结论：产生这样的结果并不是因为学习者在语言输出方面的能力不足，而是因为可以向他们提供支持语言输出能力的活动非常有限。她认为她没有尽可能多地为她的学生在课堂上创造充足的进行二语习得的机会。还有就是学生没有受到语言输出活动的影响而变得积极。她认为语言输出对学习者来说作用是非常多的，具体主要包括以下 3 方面：

第一，其作用主要表现在向学习者提供可以进行自我假设检验的机会。

第二，在一定程度上帮助学习者尽可能多地关注一下语言形式的内容。

第三，向学习者提供有意识反思的机会。

斯温纳后续的工作就是对上面所说的三个重要作用展开实际论证。在她看来，只要学习者着手进行与语言有关的活动就意味着与此相关的语言方面的障碍就同时产生了，而且这个障碍会在一定程度上不断指引他们将注意力偏向那些他们不是特别熟悉掌握的方面。这样做对学习者来说，好处就是让他们尽可能地理解和掌握他们的真实表达意图与借助语言形式所表达出来的意思两者之间是有明显差异的。这种方式可以帮助学习者获得一定的语言学习方式，因为这种注意会在一定程度上对他们的认知活动产生一定的刺激，并使其活跃起来，而这种认知活动对于学习者来说有温故和求新的作用。

语言输出活动说到底就是一种学习者以交际作为前提而进行的一种新的有关语言形式和结构上的重新规划。在这里学习者可以借助语言形式的帮助来检验这种新的形式是否合乎规范。如果没有这一相关理论存在的话，对学习者来说就缺乏足够的支持来对所提假设进行验证。

根据斯温纳的理论，她指出语言的输出功能可以对学习者有意识反思活动的形成起到辅助作用。当我们头脑中形成输出可以对语言形式进行检验的理论的时候，其实已经在心里认定两者是有内在联系的了。从这个角度来理解的话，语言输出所表现出来的就是语言形式对某一种有意义的行为的猜想过程。我们并不知道他们的内心假设到底是怎样的，我们能做得到的就是通过他们所表现出来的语言输出来推理和猜测假设的真实含义。还有一种情况就是学习者除了将自己的假设进行了完全表达以外，还借助语言输出的形式对假设进行了进一步的反思检验，这种形式就相对增强了学习者对语言的把控能力。

（二）输出假设对外语教学的影响

语言输出的突出作用主要还要从帮助学习者提高语言的使用熟练度和让学习者认识到自身在学习过程中所存在的一些缺憾等方面体现出来。此外，学习活动的存在还可以从另一个角度刺激学习者对所提出的假设进行进一步检验的形成，这也是翻译活动所必须经历的一个步骤。总之，语言输出的假设理论对于外语教学来说意义还是比较重大的，具体可以通过以下方面来进行分析。

首先，如果单从认知的层面来说的话，语言输出是二语习得的保障。在进行外语教学的过程中，如果可以提前展开对语言输出活动的安排，就可以在一定程度上迅速提升学习者对语言形式的掌握程度和学习效率。不管怎样，这种层次丰富的语言输出活动对教学过程的影响以及对学生语言能力的提升都很有帮助。

其次，在相应的教材编写过程中设计相应的角色扮演和小组讨论的练习活动方式，帮助大家理解输出的作用。

最后，当大家都认识到语言输出活动在语言学习过程中所起到的重要作用以后，很多教师都在教学过程中加大了教学实践的比重。

（三）输入假设对英语教学实践的启示

输入假设在英语教学实践过程中所起到的作用也是大家都真实看到的，具体内容我们可以通过以下 5 点略知一二。

1. 强调学生的主体地位

普遍语法的作用只是对语言起到一定的研究，虽然它有可能在语言学习领域中占有一定位置，但它本身是与外语教学和外语学习不产生直接的内在联系的。但不可否认的是，普遍语法对外语习得的研究产生的效果显著。由此乔姆斯基对当前的传统教育观念进行了颠覆，提出了学习是语言的形成过程的理论，并且需要依靠结构训练和句型练习的共同支撑。在这个过程中，从学习者的角度来说可以说是对语言学习的认识又提升到了一个全新的高度，充分认识到这一过程的形成与实现与有效的认识是有着密切联系的。

普遍语法理论的产生在一定程度上促进了以此为根本的外语学习理论的出现。虽然最开始的时候对于普遍语法的初始研究和实际的语言教学没有什么紧密的联系，但是后来随着发展，有关这方面的研究者和其研究却对语言教学有了深刻和长远的影响。另外，乔姆斯基也主张在外语教学过程中强调学生的主体作用，一切从学生出发，重视学生对学习的接受程度并且时刻关注学生的学习效果，从而对学生展开与创造性相关的自主型学习的激励。另外，需要对学生特别注意的方面就是合理的学习机制的习得。

2. 确定听、说、读、写的顺序

克拉申提出的输入假设理论特别重视学生的输入活动的体现，更进一步理解就是注重学生的“先听后说，先读后写”能力的培养，而且这也正好与我国现阶段要求的或者是国内开展英语学习的现状产生了高度融合，具体表现可从以下内容分析得知。

（1）首先明确我国高校目前开展英语教学或者是学生进行英语学习的目的依然不是为了提升在实际交际过程中的口语能力，还停留在为了应对考试而需要训练听说和阅读能力，因为我国目前的有关英语的考试还是主要以阅读和听力为主，有关口语交际能力方面的测试还是很少的。基于这种现状，我国的英语教学就将精力主要集中在听、说、读、写上面，而且先以听说为主，其次是读、写。在这种情况下，“说”的功能对于外语学习者来说只是放在了次要的位置，而不作为重点学习和考试对象对待。

（2）在实际的英语教学过程中，因为班级学生数目会很多，针对这种情况，只重视听读能力的培养对教学活动的顺利开展起到了促进作用，同时也会相应增加对学生知识输入的强度。

（3）语言输入想要达到的目的就是获得听和读的能力，因为在英语教学中听和读本身就是一种能力。所以从这个角度来说的话，这一教学过程中的听和读既是作为手段来进行学习的，同时又是英语教学所要达到的一种让学生掌握能力的目的。

（4）这 4 种能力中阅读相对于其他能力来说可行性和可操作性更大一些，只要有充足的时间和书本就可以实现。

总体来说，如果将英语学习中的这 4 种能力按照由易到难进行划分的话，其顺序应该是读、听、写、说，由此我们可以看出来“说”这种能力在英语教中是最难实现或达到的目标。

不过就我国目前的教育现状来说，大力倡导英语学习过程中的阅读能力的培养还是不能松懈的，因为我国现在的大学生的整体读书能力与国际上的发达国家相比，还存在着一定的差距。因此，在我国强调“读”的重要性不论什么时间来说都是必要的。但是如果只将学生的阅读能力局限于现有的课本上的内容，这是远远不够的，需要用好的课外读物来丰富和扩展大学生的阅读量。只不过我们在重视阅读的时候还要同时增加对听的重视程度，因为一个人如果无法听懂别人的言语，那么接下来的口语交流就不可以顺利展开，说到底这也是对学生语言输入能力的阻碍。大学生只要具备了相应足够的听读能力，对自身的说和写能力的提升也是很有帮助的。

虽然传统的“语法翻译法”在一定程度上可以向学生提供足够的知识输入，但是这种方法带有很强的个人情感因素，而且还有很多环节的监督作用，这就对语言的学习过程造成了一定的影响。但是“听说法”对于语言的输入能力相对来说就稍微逊色一些了，而且其中关于句型训练就占据了很多的时间，因此也对语言习得的最终效果带来了一定的负面影响。面对前面所说的这 2 种情况，教师在实施实际的英语教学时，为了尽可能多地向学生提供语言输入，不仅在课堂上要求学生阅读和听足够量的材料内容，而且还将其他一些适用的学习方法引入到了日常的英语课堂教学中，使学生的综合能力得到提升。

但是事情都是有两面性的，克拉申的“输入假设”理论对我国的英语教学而言，同样有不适合的消极成分的存在，如有些老师在教学时刻意追求输入能力（听读）的培养，而不在意语言输出能力（说写）的培养，这就导致了学生个人能力发展不平衡局面的产生。根据克拉申的观点，语言输出并不能完全实现语言的习得，只有时刻关注对语言输入方面的理解，才会使语言输出一蹴而就。但是通过实践的检验，我们发现语言习得实际上是输出和输入一致作用的结果，而语言的输出对于学习者来说其实就是一种有关对输入理解的深刻检验。虽然语言习得过程中起到主要作用的是听和读的输入能力，但是，不可否认的是说和写的输入能力对语言习得的整个过程所产生的侧面影响也是需要引起关注的。

3. 重视课堂教学质量的提升

克拉申还强调了对于刚开始学习英语的人来说，就算是外部条件比较适宜，但如果接收到的输入是大量自己无法理解的输入时，那么对于学习者来说不仅是浪费时间，而且还会对他们学习语言的积极性造成一定的打击。从前面所提出的理论我们可以总结出课堂教学对教学过程所起的重要作用，这主要归结为一个理想状态的输入需要以下两个条件的支撑才可以实现：

（1）可理解性。可理解性就是学生对于所输入的语言的接受程度，这就要求英语教师在日常的教学活动中就要注意发音的准确性和清楚性，同时还要控制好自己的语速，以便学生利用有限的课堂时间进行理解。同时还要注意语言的规范性，尽量使用学生常见的词语和简单的句型来为学生讲解适合目前学习阶段的材料内容。

（2）输入内容应该是学生感兴趣的。教师的日常讲话和对材料内容的讲解过程应该遵循循序渐进的原则，先由浅显和容易的开始，然后随着学生的掌握能力和理解能力的提升而逐步向相对深层和有难度的内容过渡。如果一开始教师就讲解对学生来说稍微有难度的材料，那么就会使学生的学习进入一种误区，即学生会采用汉语的学习方式来对英语进行理解，并以此来分析词义和句义，而并非采用英语的学习方式进行思考，这样一来，学生的学习兴趣就会相应降低。如果材料中出现的生词过于密集的话，更会导致学生阅读起来难度增大，在无法推测句义的情况下只有多次采用查询字典的方式来解决，这样不仅会降低阅读的流畅度甚至还会引起学生的反感。而这正好与克拉申所提出的“i＋1”理论达到了某种契合。克拉申认为，当教学所用的教材与学生当前所具备的学习能力相适应的时候，学生才有可能会对学习提起一定的兴致然后自觉地去理解英语的内涵。

4. 恰当发挥母语的作用

关于母语在二语习得过程中所发挥出的作用，我们可以通过克拉申的“自然习得语法顺序的假设”理论略有所知。一般来说，学生在外语的学习过程中，母语和外语的语法学习顺序几乎是一致的。在这里他对母语对于外语学习过程中的干扰作用进行了重新的论证，并对那些过于偏差的理论进行了指正。对于我国来说，学习者在进行外语的学习时大多都已经形成了汉语的规则和习惯，因此如果盲目将汉语看成是外语学习过程中的绊脚石，而拒绝使用任何汉语来开展外语教学，这样的结果只会对学习者最终的输入和输出工作造成严重影响。

克拉申的这一理论同时也是在提醒我们，外语的学习并不是要我们完全放弃母语在其中的作用，而在一定程度上还会给外语学习提供相应帮助。换句话说就是，教师可以通过在英语教学过程中恰当发挥母语的作用和效果，可以在一定程度上帮助学生加强对英语的理解。

5. 实现习得和学习的结合

根据克拉申的相关理论观点，我们知道要想熟练运用和掌握英语的使用并非懂得其中的语言规则就万事大吉了，其中还需要相关的输入环境的进一步融合作用。

我们需要注意的是，学习者在进行外语学习时，应该将习得放在重要的位置，而学习只要放在次要的位置就可以了。从目前我国的外语教学现状来看，学生想要处于一个完全的外语环境来进行外语学习还不现实，所以时间有限的课堂形式的授课还是主流。从这个角度来说，习得和学习对学生来说都变得重要了。不过，虽然我国现状是这样的，但是外语教师还是要尽可能多地创造外语环境来开展教学，这样就会使习得和学习实现进一步互融。可以实施的活动是教师要多鼓励学生参加一些英语角的活动，或者是结交外国朋友来增加自己运用外语的机会，从而提升对外语的运用能力。

第三节　英语教学改革的历程及必要性

为了进一步提高我国英语教学的实际应用能力，并希望培养出的人才所具备的综合能力与社会要求相匹配，基于这些方面因素的考虑，我国着手开展英语教学方面的改革也是意料之中的事，这主要涉及以下两个重要方面。

一、英语教学改革的历史进程

（一）大学英语发展的前两个阶段

大学英语在我国的发展先后经历了不同的阶段，其中习惯上将中华人民共和国成立后至1978年间的这一时期称为大学英语教学的初级阶段，这时候的大学英语还没有作为一种专用语言的身份出现在大学课堂，相反只是担任着公共英语的角色。而第二阶段是从1978至1984年，这一时期成为大学英语飞速发展的时期，而且范围向全国不断扩大并逐渐趋于正规化。不仅加大了对英语教师队伍的培训力度，还专门成立了相关的教材编写委员会来实现教学大纲和教材的正规化发展，这些都为大学英语的发展奠定了良好的基础。

（二）大学英语发展的第三阶段

大学英语发展的第三个阶段是指1985至2001年期间。这一阶段的英语教育事业发展变化可喜，具体体现在以下两个方面。

起初，理工科和文科所使用的英语教学大纲是有所区别的，其大纲分别是原国家教委在1985年和1986年先后公布的，这两个大纲虽然所涉及的方面是截然不同的，但是两者对于作为公共课的英语提出了相同的要求，从此以后公共外语便有了一个新的名称——大学英语。此后大学英语便进入了一个蓬勃发展时期。

第三阶段的要求是专业阅读（必修）部分最好以100 ~ 120学时为宜。在这一阶段，各高校可以根据自身的实际情况开设相应的选修课程，只不过专业阅读仍然处于中心位置。此外，大纲还对那些没有满足大纲要求的学生做出了进一步规定，这一过程主要由大学英语预备一级和预备二级2部分构成，简称“CESB1-2”。CESB1是最初级的一种形式，要求相对来说也是最低的，只需要学生掌握基础的语法知识和700个单词即可，而CESB2则将需要掌握的单词量上升到了1100个。此外，大纲还做出了特殊要求，指出重点院校的学生即使是在预备阶段也要达到CESB4的要求，而其他院校可以由学校根据实际的教学情况自主抉择。

（三）大学英语发展的第四阶段

大学英语发展的第四阶段是从 2002 年开始的，一直延续到今天。这一时期可以说是英语教育发展的蓬勃时期。但随着新的时代的建设要求，同时也对大学英语教学提出了新的挑战。在这之前的教学大纲存在一些不完备之处，针对这一问题，教育部在2003年的时候开始着手新一轮的大学英语教学改革工作，并在 2004 年 1 月颁发了《大学英语课程教学要求（试行）》，以此来全面代替 1999 年实行的《大学英语教学大纲（修订本）》，从此大学英语翻开了新篇章。

21 世纪是一个新纪元，大学英语也随着时代的发展而出现新气象。此外，随着《大学英语课程教学要求》的实施也逐渐表明大学英语教学大纲正在落地执行，而不是只是停留在理论阶段的泛泛而谈。这一时期的大学英语具有了更鲜明的时代特色，而不是单纯作为一种语言形式来学习了，更多的是与需求相对接，实用性更突出。此次的《大学英语课程教学要求》与原来的教学大纲的一个明显不同在于具有了更大的弹性，弱化了原来的大纲中的硬性指标与要求。

二、英语教学改革的必要性

如今，大学生的英语水平已经成为衡量其综合素质的一个重要方面，而且也受到各界的广泛关注与支持。虽然在教学过程中取得了一些成就，但是我国目前的大学英语教学过程中依然存在很多不是很完美的地方。我们现在要做的就是认清目前社会所需要的英语人才所应具备的综合能力的现状，对英语教学进行改革势在必行。所以我们需要对所存在的不足之处进行客观分析，然后结合现实找到有针对性的应对措施，以此促进我国大学英语的教学质量实现质的飞跃。以下内容就从英语教学改革可能相关的方面说起。

（一）英语课程设置改革的必要性

目前，应时代的需求，高等学校教育应该逐步实现与国际的接轨，这就对大学英语教学提出了更高的要求，将逐渐向应用型教学模式靠拢，以使学生们可以学有所成，甚至学以致用，在国际大舞台上大放异彩。综合这些方面的新的要求，本章提出了科学性的课程设置目标，使各高校实现有效改革。

西方有关外语教学的一个观点是在20世纪80年代的时候提出的，该观点认为实施外语教学的目的在于明确教学目标，而教学目标需要学术内容的支撑。基于这种课程理念，外语学习在很长一段时间内是作为一种教学工具来使用的，学生可以通过使用这种工具来获得学习外语的能力。

（二）教学内容改革的必要性

教学内容的改革势在必行，但是也要以以下8个原则为前提着手展开。

（1）学习负担：课程的作用是帮助学生温故而知新。

（2）可教性：语言教学效果的因素包括语言课程的安排和学习者的学习时间等方面。

（3）不断推进：语言的教学过程应该是不断推陈出新和与时俱进的，要坚持吸收新形式的语言策略。

（4）语言体系：课程的语言必须要以可推广化为前提。

（5）策略和自主：语言学习的最终目的在于使得学生通过对学习策略的掌握实现自主性学习。

（6）间断性的复习：在语言学习过程中，学生应该有平等的不断复习所学知识的机会。

（7）干扰：并列学习的语言要提前意识到彼此之间是否会相互影响，如果答案是肯定的，那么这种影响要是正向的。

（8）频率：语言课程要尽可能多地包含语言的使用方法，如此便可以确保学生从学习中获得回报。

（三）教学形式改革的必要性

定期对学生的学习成果进行测试是英语教学过程中的一项必要手段。听、说、读、写、译是一种使用英语的能力，也是学习英语的能力。以下就其中的一两个方面进行举例说明。

从目前的教学课程来看，英语作为一项主要课程是放在了和语文、数学同等的地位上的，因此可以看出对其的重视程度。一般来讲，学生是从小学开始就已经慢慢接触英语了，随着求学程度的不断深入，对英语的掌握水平及要求也是呈上升趋势的。这个学习过程是漫长的。虽然我国学生在英语学习的道路上投入了大量的时间和精力，但是仍然有很大一部分同学无法学以致用。究其原因，一方面是我国整体的英语教学环境的应试教育趋势明显，教师仍然作为课堂主体以传统模式进行授课。另一方面，学生自身没有兴趣学习，没有意识到自主学习的重要性。这样的结果只能是我国大学阶段的英语教学一直未能获得突破性进展。

（四）大学英语教学模式改革的必要性

1. 模块教学模式改革

模块教学模式是一种新型的教学方式。实施这一教学模式的前提是将英语教学看成一个系统，然后从知识、技能、拓展的角度对其进行划分，在此基础上就形成了一种具有系统性的教学模式。高校中采用这种教学模式并不是一成不变的，而是根据不同的学期采用差异化教学，其最终目的都是实现大学生英语水平的综合提升。

（1）模块教学模式的一般含义。所谓模块教学主要是通过教法和学法 2 方面来实现的。“教”是基于教师的角度，强调教师可以做到知能一体，而“学”相对就是从学生的角度来体现了，要求学生达到知行一致。模块教学模式的目标是提高大学生的英语综合水平，力图在教学过程中以理论知识为基础，以实践应用为结果。

大学英语实施模块教学可以在一定程度上使英语课程得到内容上的扩展，增强一定的趣味性。这对于学生来说可以极大提高他们的学习主动性，从而收到满意的学习效果。随着时代的发展和社会对新型人才需求的改变，传统的大学英语教学模式的教学效果已经无法满足学生的要求。因此，探索一种适合当代大学生需求的英语教学模式就显得尤为重要。

（2）模块教学模式的实施。我们如果对《大学英语课程教学要求》进行仔细研究的话就可以发现，其从不同的角度对大学生需要掌握的英语水平进行了划分，形成了各种层次。这种情况的出现使得大学英语教学的困难又加深了一步，因为目前的教学方式很难满足《大学英语课程教学要求》中的所有层次，教学中也很难培养出综合能力都很优秀的人才。针对这种情况，英语模块教学模式给出的解决方式是理清头绪，分阶段有针对性地开展教学，而不是眉毛胡子一把抓。这一主张可以说和目前的教学要求不谋而合。

2. 网络教学模式改革

如今是一个科技和互联网飞速发展的大时代，基于这种大环境使得网络教学模式可以有很好的根植的土壤。网络教学模式的提出也并不是凭空想象的，而是经过了反复的实验不断总结出的经验，这些都为大学英语教学的顺利开展提供了有力支持，为实现有效实践提供了思路。

第三章　教育信息化背景下大学英语教学方法应用

第一节　信息技术与英语课程整合概述

一、信息技术对课程的影响

信息技术的飞速发展和科学技术的日新月异，不仅对教育提出了新的要求，也深刻地影响了课程的内容和呈现方式，拓展了课程设计的范畴，使课程更具开放性和个性化。

（一）信息技术极大地拓展了课程的内涵

课程内容不再局限于固定化的形式，而是以信息资源的状态存在。每个个体所获得的外语学习内容是依据原有知识结构和发生的体验而形成。课程内容更符合信息社会文化和人才的要求。

传统意义上的一门课程，往往就是一本教学大纲（含教学计划）、一本教材，课程实施就是讲授教材上的内容。而现代信息技术支持下的课程，除了有教学大纲和教学计划、教材外，还包括以信息技术为基础的学习资源、教学资源、教学工具等，如光盘、电视节目、多媒体教学软件、网络课程、丰富的网络资源等。基于网络技术的支持和信息共享平台，教与学的课程不再受到地域的限制和时间的限制，课程内容可以不断更新。

（二）信息技术丰富了课程的呈现方式

现代信息技术解决了大信息量的记录、存储、传输、显示和加工等问题，多媒体技术将文本、声音、图片、动画、音频和视频等进行有效的整合，使课程以更加丰富和多媒体化的特征呈现。这一特性改变了课程呈现方式单一的局限性，使学习者能够真正实现对信息的多感觉通道加工，这有助于学习者建立起对当前信息的准确表征，建立起对当前事物的丰富联系，提高学习者感知、记忆和思维的效果。对于特定的教学内容、教学对象而言，这种更为新颖、更为形象和直观的学习材料，还可以有效地激发学习者的学习兴趣和学习动力。

（三）信息技术使个性化的课程成为可能

一方面，信息的高度共享使个体搜索个性化的信息成为可能，也赋予学习者更多选择的机会与权利，使课程可以更好地满足学习者的个性化需要。另一方面，多媒体呈现的学习资源，可以使具有不同认知方式的学生根据自己的特点选择适当的学习方式，特别是一些仿真探索空间、虚拟实验、电子书包等，个别化的程序、过程和进度可以激发所有学生，满足不同学习目的和风格，适应个体的心理和认知需要，也有利于促使学生进行主动性、创造性学习。

二、信息技术与课程整合的背景

由于信息技术的飞速发展，多媒体和网络技术的日臻完善和普及，信息技术教育水平不断提高，软、硬件环境不断完善，加之深化教育改革，全面推进素质教育，培养具有创新精神和实践能力的高素质人才和劳动者的社会需要，教育信息化得到了各阶层的重视，我国的信息技术教育发展进入了快速发展时期。特别是近几年在新课程、新教法的基础教育改革中，先进的教学理念、以学生为中心的教学方式的提倡、各种形式的教师信息技术能力培训等因素的综合影响下，信息技术教育的发展应用跃上了一个新的台阶——信息技术与课程整合。广大教育工作者的观念从认为信息技术是计算机课程教育的认识飞跃到更高的层次，即信息技术必须融入教学，必须和学科课程相整合。

“信息技术与课程整合”的概念最早源自西方的“课程整合”概念。在英文中，“整合”一词表述为“integration”，这一单词在汉语中有多重含义，如综合、融合、集成、一体化等，但它的主要含义是“整合”，即由系统的整体性及其在系统核心的统摄、凝聚作用而导致的使若干相关部分或因素合成为一个新的统一整体的建构、程序化的过程。整合可以使系统内各要素实现整体协调，相互渗透，使系统各要素发挥最大作用，这个过程会导致生成一个新的事物。课程整合的含义是指对课程设置、各课程教育教学的目标、教学设计、评价等要素做系统的考虑与操作，用整体的、联系的、辩证的观点，去认识和研究教育过程中各种教学要素之间的关系。课程整合的过程就是使分化了的教学系统中的各要素及其各成分形成有机整体的过程。课程整合并不是指单纯地将被分割的拼凑在一起，也不是指简单地把各学科聚合起来，课程整合是指把本来具有内在联系而被人为地割裂开来的内容重新整合为一体的课程模式。这种内在联系是自然的、真实的、本质的，而非人为的。牵强附会的联系只能使得课程变成一个大杂烩，如果两个内容之间的关系不是自然的，就不能把它们联系在一起，不是每个事物都必须与其他事物联系在一起的。因此，信息技术整合于学科课程绝不是简单的纳入或功能的叠加，也不仅仅是工具或技术手段层面的应用，而是如何将信息技术实际地融入学科课程的有机整体，使其成为整体不可缺少的一部分，或成为一个新的统一体。在各学科教学中，有效地融入信息技术，将教学系统中的各种教学资源和各个教学要素有机地集合起来，将教学理论、方法、技能与教学媒体很好地结合起来，在整个教学过程中，保持协调一致，并发挥系统的整体优势以产生聚集效应。

2000 年 10 月，在全国中小学信息技术教育会议上提出：“在开好信息技术课程的同时，要努力推进信息技术与其他学科教学的整合，鼓励在其他学科的教学中广泛应用信息技术手段，并把信息技术教育融合在其他学科的学习中。各地要积极创造条件，逐步实现多媒体教学进入每一间教室，积极探索信息技术教育与其他学科教学的整合。”至此，信息技术与课程整合成为教育信息化进程中理论研究与实践探索中的热点问题。

综上所述，我们可以从以下三个方面来理解信息技术与课程整合：第一，应该在以网络和多媒体为基础的信息化环境中实施课程教学活动；第二，对课程内容进行信息化处理后成为学习者的学习资源；第三，利用信息加工工具让学习者改变学习方式，进行知识重构。在信息化学习环境中，由于将信息技术与学科课程进行整合，使得学习者的学习方式发生了重要的变化。主要变化在于学习是以学习者为主体的，学习可以是个性化的，能满足个体需要；学习是以问题为中心的；学习过程是通信交流的过程；学习者之间、教师与学生之间是协商的、合作的；学习过程具有创造性；学习可以随时随地进行的。可以说，学习者的学习可以不再只是依赖教师的讲授和学习课本，而是可以利用信息化平台和数字化资源，教师、学生之间展开协作学习，并通过对资源的收集利用、探究知识、创造知识、展示知识的方式进行学习，因此，通过信息技术与课程整合，可以使学习者掌握信息时代的学习方式，包括会利用资源进行学习；学会在数字化情境中进行自主学习；学会利用网络通信工具进行交流，协作学习；学会利用信息技术，进行实践创造性学习。总之，学习者可以利用文字处理、图像处理、信息集成的数字化工具，对课程知识内容进行重组、创作，使信息技术与课程整合不仅只是向学习者传授知识，而且能够使学习者进行知识重组和创新。

迄今为止，我国基础教育信息化的发展十分迅速，教育信息化基础设施已初具规模，教师、学生的信息素养教育得到了广泛的重视，对于信息技术与课程整合的课题研究，各教学研究部门和有条件的学校都投入了较大的力量进行实践研究并已取得很多可喜的成果。信息技术与课程整合是当前教学改革的新视点，将信息技术作为改革传统课堂的有效手段，将其和学科课程教学融为一体，优化教学过程和学习过程，促进学生的全面发展、个性发展，构建数字化的学习环境，实现数字化的学习成为信息技术与课程整合努力的方向。但是这个过程不可能一蹴而就，需要广大教师和教育工作者逐渐积累成果；在这个积累的过程中。粉笔和黑板的作用逐渐淡化，多媒体和网络的应用逐渐普及；在这个积累的过程中，普遍采用的传递——接受的主流教学形式将与多元化教学形式共存；教师和学生的角色都要被重新定位，单纯性的教师讲学生听、教师同学生答的教学局面将被改变；在这个积累的过程中，学生学习的主体性地位将不断提升，学生主动学习，协作学习，发展个性。注重实践能力的意识和创新精神将不断提高。

这里需要注意一个问题，信息技术与课程的整合具有双向性，应该是双向整合，即信息技术整合于学科课程和学科课程整合于信息技术，两者应该做到各取所需，前者是研究信息技术如何改造和创新课程，后者是研究课程创新中如何开发和利用信息技术。这个问题十分重要，它涉及建构信息文化背景里整合型的信息化课程新形态，以及如何利用各学科进行信息技术教育的问题。

三、信息技术与外语课程整合

（一）外语课程性质及基础教育目标

外语是基础教育阶段的必修课程，对外语课程的学习，既是学生通过外语学习和实践活动，逐步掌握外语知识和技能，提高语言实际运用能力的过程；又是他们磨砺意志、陶冶情操、拓宽视野、丰富生活经历、开发思维能力、发展个性和提高人文素养的过程。基础教育阶段外语课程的任务是：激发和培养学生学习外语的兴趣，使学生树立自信心，养成良好的学习习惯和形成有效的学习策略，发展自主学习的能力和合作精神；使学生掌握一定的外语基础知识和听、说、读、写技能，形成一定的综合语言运用能力；培养学生的观察、记忆、思维、想象能力和创新精神；帮助学生了解世界和中西方文化的差异，拓宽视野，培养爱国主义精神，形成健康的人生观，为他们的终身学习和发展打下良好的基础。

（二）信息技术与外语课程整合的内涵

所谓信息技术与外语课程的整合，是指在建构主义理论指导下，通过将信息技术有效地融合于外语教学过程来营造一种新型教学环境，实现一种既能发挥教师主导作用又能充分体现学生主体地位的以“自主、探究、合作”为特征的教与学方式，从而把学生的主动性、积极性、创造性较充分地发挥出来，使传统的以教师为中心的课堂教学结构发生根本性变革。从而使学生的创新精神与实践能力的培养真正落到实处，提高学生综合运用外语的能力。将信息技术有机地与外语课程整合，符合当前外语教育的发展趋势。

需要注意的是，外语课程的整合框架含有一个信息化学习环境，而这里的信息化环境不仅仅包括硬件系统，还包括软件和人机环境，这三者有机地组合成一个综合的系统。在此系统中，教师、学生、学习内容、计算机网络相互作用而产生一定的教学效果。信息技术与外语课程整合将带来课程资源的变化。信息技术的飞速发展、网络资源的丰富性和共享性，都冲击了传统课程资源观，课程资源的物化载体不再是单单的书籍、教材等印刷制品，也包括网络以及音像制品等。生命载体形式的课程资源将更加丰富，学习者可以通过信息技术的通信功能与专家、教师等交流，扩大了课程资源范围。信息技术与外语课程整合，将有助于课程评价的变革和改善，信息技术与课程评价整合后，将带来评价观念和评价手段的革新。信息技术可以作为自测的工具，有利于学生自我反馈，也可以作为教师电子测评的手段，优化了评价过程，革新传统的课程评价观与方法。网络信息技术与外语课程整合最主要的是带来学习方式的革命。信息技术的飞速发展，网络信息的大量泛滥，对于人类的学习方式产生了深刻的变革作用。学习者从传统的接受式学习转变为主动学习、探究性学习和研究性学习，有利于把以教师为中心的教学模式转变为“教师主导—学生主体”的教学模式。

四、信息技术与英语教学设计的整合意义

本研究的意义主要在于信息技术对当今教育的推动作用无法估量，然而要使信息技术能真正地推动外语教育、教学的发展，就必须与外语教学进行全面的有机整合，信息技术与教学整合，尤其是整合于外语教学，这种模式具有十分重要的意义。它可以改变人们的学习观念，预示未来教育的发展方向。

（一）改变学习观念

计算机网络技术的日新月异及与课程的整合正在深刻地影响和改变着各种学科的生态，预示了学科发展的未来。可以说，今后学生学习的主要途径不再只是依靠书本或教师的讲授，面对浩瀚的知识海洋和不断更新的网络信息，原先固定教师、固定班级、固定内容、固定进程、固定标准的单向的接受式的学习方式将被打破。取而代之的是一种全新的学习过程，在这样的学习过程中，学生以计算机和网络以及其他多媒体设备为中介，在自主选择、合理接受、科

学加工、适时反馈的信息传输中轻松自如地完成富有个性化的、发现式的学习。这种发现式的学习方式将改变以课堂为中心、教师为中心和课本为中心的接受式学习格局，更多的是以自主学习、合作学习和探究学习为主的发现式学习格局出现。显然，这种学习格局的变化与信息技术的发展有着直接的关系。

专家学者们一致认为，信息技术是物化形态技术与智能形态技术的协同利用，具有智能化、数字化、网络化、个人化、多媒体化的特征。随着信息技术的广泛应用。知识密集、信息技术产品出现了更新换代、周期加快的现象。同时，新兴科学大量涌现。知识总量急剧膨胀。知识更新的过程也空前加快，出现了“知识爆炸”现象。据联合国教科文组织的统计，人类近 30 年来所积累的科学知识占有史以来积累的科学知识总量的 90%。英国技术预测专家马丁的测算结果也表明了同样的趋势：人类的知识在 19 世纪是每 50 年翻一番，20 世纪初是每 10 年翻一番，70 年代是每 5 年翻一番，而近 10 年大约每 3 年翻一番。据预测，到 2050 年左右，人类现在所掌握的知识届时将仅为知识总量的 1%，这就是说，走向信息化后的人类社会，将创造出 99% 以上的新知识。可见，信息和知识犹如产品一样频繁更新换代。这种知识的极度膨胀和快速更新，不可避免地使我们的课程陷于尴尬的境地。一方面大量的新知识内容需要加入课程中去；另一方面课程内容过难使学生负担不断加重。众所周知，课程展开的时间是有限的，我们不可能无限延长学习者的学习时间，加之近代科学技术的飞速发展和知识信息的急剧增加，又不得不使我们面对现实的挑战。那么，如何才能找到应对的方法呢？最根本的出路在于变革，改变学习过程是一种单纯继承性的传统观点。课程应该在传授一些基础性知识的同时，注重创新和适应能力的培养，对受教育者来说，最重要的是学会学习，具备进行终身学习的能力，也就是具备自我更新知识结构的能力。对于知识的学习，强调的是让学生掌握认知的手段、方法，即学会自己去发现知识，自己去获取和更新知识，而不仅仅是局限于学习知识本身。由于信息时代知识急剧增长，若是像传统教育那样，只强调知识本身的学习和掌握，那么学到的知识大部分会很快过时，无法适应现代社会发展的需要，只有让学生学会认知，即学会学习的方法，才能在步入社会以后，能够自我更新知识结构，通过自学继续学到工作所需要的各种新知识、新技能。

一般说来，传统性学习，通常是维持性学习和接受性学习，而信息化学习却是创新性学习和建构性学习。维持性学习是一种继承性学习，而创新性学习要处理好“学会”“会学”的关系；接受性学习是一种以教师为中心的学习，学生是知识的接受者，而建构性学习是以学生为中心的学习，强调学习者是知识的主动建构者。信息化时代的学习是要从传统的维持性学习向创新性学习转变，从接受性学习方式走向建构性学习方式。要达到这一目标，计算机网络必须与课程及教学模式进行全面的整合，因为它预示着未来教育的发展方向。

（二）预示未来教育的发展

一旦人们的学习观念发生了改变，自然也会对未来的教育有新的展望。实际上，世界各国在展望未来的教育时都主张把信息网络技术作为教育、教学改革的重要一环。例如，早在 1996 年美国就制订了《让美国学生为 21 世纪做好准备：迎接技术能力的挑战》的国家信息技术教育计划。这个计划展望了一个这样的未来：通过在中小学教学中有效地利用信息网络技术，为帮助下一代在校学生得到更好的教育做好准备，以适应新的全球经济发展的需要。之后，美国教育部在咨询了社会各界人士后，对国家信息技术教育计划进行了修改，提出了 5 个目标：①所有教师和学生都要使用信息网络技术：②所有教师都应运用技术帮助学生达到较高的学业标准；③所有的学生都要具备信息技术方面的知识与技能；④通过研究与评估，促进下一代技术在教学中的应用；⑤通过数字化的内容和网络的应用改革教学。欧盟（1997）发布了《信息社会中的学习：欧洲教育创新行动规划》，新加坡（1996）与马来西亚（2000）也相继推出了全国教育信息化计划我国政府也相当重视教育信息化工作并推出了一系列推进教育信息化和改革的政策措施。2000 年我国教育部召开了全国中小学信息技术教育工作会议，并做出决定：从 2001 年起用 5 ~ 10 年的时间，在全国中小学基本普及信息技术教育，以信息化带动教育的现代化。努力实现基础教育的跨越式发展。正是由于各国对此相当重视，对传统的教育体制及教学模式的改革正在世界范围内形成一种新的教育发展的趋势。

在我国，运用信息网络技术对传统教育体制和教学模式的改革首先始于外语教学。如前所述，21 世纪实际上是信息技术全面发展的世纪，尤其是计算机与网络技术的发展极大地拓展了教育的时空界限，空前地提高了人们学习的兴趣、效率和能动性。就信息化时代的外语教学而言，传统的教学形式将很难适应时代发展的需要，必须要有突破性的变革。这种教学的变革不仅仅是教学形式和学习方式的重大变化，更重要的是将对外语教学的理论、观念、模式、内容和方法产生深刻的影响，给外语教学赋予了更深刻的全新内涵。为此，我国政府颁布了一系列关于促进外语教育的方针和政策，其中最具影响力的如下：2001 年 1 月教育部颁布了《关于积极推进小学开设英语课程的指导意见》，将英语义务教育的起点从初中一年级降低至小学三年级；同年 8 月教育部又颁发了《关于加强高等学校本科教学工作、提高教学质量的若干意见》，明确指出："本科教育要创造条件，使用英语等外语进行公共课和专业课教学，并力争 3 年内，外语教学课程达到所开课程的 5% ~ 10%"。

2002 年 12 月，教育部高教司又颁发了《关于启动大学英语教学改革部分项目的通知》，指出："为进一步推动大学英语教学改革，不断提高大学英语教学质量，我司决定启动大学英语教学改革部分项目，主要包括制订《大学英语教学基本要求》和大学英语网络与多媒体教学体系建设。"根据这一文件要求，教育部先后 10 余次组织专家召开专门会议讨论制订并颁布了《大学英语课程教学要求》（简称《课程要求》）。后来教育部又对《课程要求》进行了修改并颁布了新版《课程要求》。尽管新版《课程要求》得到了补充和修改，但是它的主要内容未变。强调：课程体系除了传统的与学生的面对面授课之外，更要注重基于计算机、网络的大学英语课程；2017 年教育部颁布的《大学英语教学指南》中更提到各高校要将网络课程纳入课程设置当中，高校教师要逐步建设在线课程，将课堂教学与基于网络的语言学习有机地结合在一起。

目前，我国很多高校开始积极推进微课、慕课网络课程的建设，大学英语教师也在积极探索翻转课堂的混合式教学模式。

（三）整合模式的研究背景

大学英语教学改革的重要社会背景及其主要意义是本研究的基础。因此，有必要对此做一阐述性描述，以求厘清改革的来龙去脉。

大学英语教学改革与国家的总体发展(包括教育发展、经济增长、社会进步)不无关系，但是主要有以下几方面的背景因素。

1. 英语的国际地位

英语，作为国际通用语言，在国际政治、经济、文化、体育及其他信息交流中扮演着重要的角色。据相关统计，全世界 1/5 的人具有不同程度的英语交际能力，全世界 2/3 的科学家能读懂英文，全世界 80% 的电子信息用英文存储，全世界网站的 78% 为英语网站。英语的重要性还不仅仅限于日常的交流，不少政治家把英语看作是提升本国国际竞争力的重要手段。由此可见，中国要跟上世界的发展步伐，进入国际大家庭，融入世界政治经济、科技、文化、体育的全球化体系，较快地学习、掌握和赶超世界先进国家的科学技术，最为直接的方法就是要使我国的相关人员能够有较强的英语交际能力。据此，可以断言外语教学不仅仅是一个简单的教学问题，而且已直接影响到我国科技、经济的发展，影响到我国改革开放质量的提高。

随着我国社会，在经济、科技等各个领域同世界交往更加频繁和密切。前教育部高教司司长在“211 工程”大学的外语学院院长会议上曾指出：“我们的进出口贸易现在一年有 7000 亿美元，仅出口就有 3000 亿美元。这在前 20 年是不敢想象的事。我们后 20 年谁能想象到我国出口量达多少亿？所以，我们同国际交往的步伐是非常快的。我们怎样对原来不适应时代步伐的东西进行改革？我们怎样培养适应时代需求的人才？这些人才需要什么样的外语技能？这都是我们要思考的问题。”

迄今为止，英语教学取得了巨大成绩。但我们还要与时俱进。可见，“与时俱进”就意味着我们的外语教学或未来学生的英语能力应随着国家的综合国力的提高而提高，以促进我国在国际上的竞争力。因此，英语在国际上的突出地位促使我们的大学英语教学必须进行改革。

2. 外语教学新模式

根据《大学英语教学指南》的基本内容，教学模式实际上是此次大学英语教学改革的核心。改革的目的就是要使英语教学朝着个性化、不受时间和地点限制、主动式学习方向发展，在内容上应体现英语教学的实用性、文化性和趣味性融合原则；在技术上应可实现和易于操作；在效果上应能充分调动教师和学生两个方面的积极性。在充分利用现代信息技术的同时，也要充分考虑和吸收现有教学模式的优点，充分体现合理继承的原则。新的公共英语教学模式应以课堂教学与在校园网上运行的英语教学软件相结合的教学模式为主要发展方向。

根据《大学英语教学指南》，各高等学校在采用基于计算机和课堂的英语教学模式的同时要充分利用现代信息技术，特别是网络技术，改进以教师讲授为主的单一教学模式，使英语的教与学可以在一定程度上不受时间和地点的限制，朝着个性化和自主学习的方向发展。同时，各高等学校应根据本校条件和学生的英语水平，探索建立网络环境下的听说教学模式，直接在局域网或校园网上进行听、说教学和训练。读、写、译课程既可以在课堂上进行，也可以在计算机网络环境下完成。对于使用计算机网络教学的课程，应有相应的面授辅导课时，以保证学习效果。为实施新模式而研制的网络教学系统应涵盖教学、学习、反馈、管理等完整过程，包括学生学习和自评、教师授课、教师在线辅导、对学生学习和教师辅导的监控管理等模块，能随时记录、了解、检测学生的情况以及教师的教学与辅导情况，体现交互性和多媒体性，易于操作。

根据这一模式，英语听、说、读、写、译等教学活动可以通过计算机来完成，也可以通过教师的课堂教学进行，具体来说，“听”的训练主要在计算机网络环境下进行，辅之以课堂教学；“说”和“读”的训练既要在计算机网络环境下进行，又要有课堂教学；“写”和“译”的训练以课堂教学为主，以计算机网络环境下的教学为辅。在教学过程中，教师是教学活动的组织者，教学管理由教务处、教师和计算机管理软件来实施。教学模式改革的目的之一是促进学生个性化学习方法的形成和学生自主学习能力的发展。新教学模式应能使学生选择适合自己需要的材料和方法进行学习，获得学习策略的指导，逐步提高其自主学习的能力。教学模式的改变不仅是教学方法和教学手段的变化，而且是教学理念的转变，是实现从以教师为中心、单纯传授语言知识和技能的教学思想和实践，向以学生为中心、既传授语言知识与技能，更注重培养语言实际应用能力和自主学习能力的教学思想和实践的转变，也是向以培养学生终身学习能力为导向的终身教育的转变。应该说，新教学模式实施是对我国传统外语教学模式和手段的一次革命性转变。

这种全新教学模式对于发展和培养我国大学生迫切需要的外语综合应用能力和自主独立学习能力都有深远的意义。

第二节　现代教育技术下的新型大学英语教学模式

现代教育技术下的新型大学英语教学模式理论框架整合了多模态、多媒体、多环境理论、计算机技术与外语课程生态化整合理念以及建构主义等教学理念，以环境的创设和教学结构的改变为主要特征，以多模态体验和模态转化学习为实际操作的着力点。与以往单纯以建构主义理论和计算机辅助语言学习理论为基础的理论框架相比，该模式的框架更加系统、细致，对实际教学模式的设计更具指导意义。自 2003 年大学英语教学改革启动伊始，学界对于大学英语教学模式改革的探索便全面展开。

2012 年 9 月 26 ~ 28 日，2012 年教育部高等学校大学英语青年骨干教师高级研修班第三期以“构建多模态、多媒体、多环境的集成型大学英语教学模式”为主题，于北京交通大学隆重举办，标志着这种探索进入一个新高潮。研修班期间，中国社会科学院顾日国教授、上海外国语大学、北京交通大学司显柱教授分别做了题为“多模态、多媒体、多环境下大学英语学与教：理论与实践”“信息技术与外语课程的生态化整合”以及“建构主义与大学英语教学模式创新”的专题报告，提出或引导多模态、多媒体、多环境理论，计算机技术与外语课程生态化整合等教学理念。

3 位教授独创或倡导的理论和理念可以整合为一个统一的理论框架，共同支撑新型大英语教学模式。与以往研究中仅以建构主义和计算机辅助语言教学理论构成的理论框架相比，由这 3 种理论成分共同构成的理论框架更为系统、细致，因此以其为基础建立的教学模式更具可操作性和可证伪性。下面将对组成该理论框架的三个理论成分进行简单介绍，并对整合而成的新型大学英语教学模式理论框架进行阐释，尤其对其优势进行论证，对实践中可能出现的问题进行讨论，再次指出该理论框架的意义和重要性。

一、新型大学英语教学模式理论框架的成分

（一）多模态、多媒体、多环境理论

顾日国教授在主旨报告多模态、多媒体、多环境下大学英语学与教：理论与实践和以往研究，对“多模态”“多媒体”“多环境”三个基本概念进行了界定，对其学习行为进行了剖析。

1. 多模态

简言之，模态是人类通过感官跟外部环境之间的互动方式。这里的感官不但包括广为知的视觉、听觉、嗅觉、触觉、味觉，还包括医学上新发现的平衡感、距离感等。多模态指用 3 种或 3 种以上感官互动。互动过程中，人类可以将来自多模态的信息打包捆绑成整个的体验。模态越多，人类所获得的信息和体验就越充盈。例如，如果亲口品尝到北京烤鸭，至少涉及视觉、嗅觉、触觉和味觉，而如果只看到北京烤鸭的图片，那就只涉及视觉，因而前者的信息和体验比后者更为充盈。另外，顾日国教授把输入和产出之间发生模态变化的学习行为称为“模态转换学习过程”。例如，让学生把读到的内容复述出来，就是一种模态转换学习。而如果只让学生理解所读到的内容，则是同模态学习过程。顾日国教授提出，恰当的模态转换可以增强学习者对所学内容的内化度，提高内容记忆的持久度。换句话说，越充盈的体验、越丰富的模态转化，对学生学习越为有利。

2. 多媒体

要理解多媒体的概念，首先要区分物理媒介和逻辑媒介。物理媒介指装载

内容或信息的物理介质，如纸张、磁带、光盘等。逻辑媒介是指在物理媒介上装载内容或信息的编码手段，如文字、模拟音频流、数字音频流、图像及视频流等。而界定某内容是否为多媒体材料，是以逻辑媒介为划分标准的。使用3种或3种以上逻辑媒介的，就是多媒体内容。在这个定义下，文字材料印在纸介上是单媒体材料，声音录制在磁带上也是单媒体材料。但如果一张光盘上有文字、图片、音频流、视频流，那么即使装载内容的物理媒介只有光盘一种，这里的内容也是多媒体内容。显然，与单媒体材料相比，多媒体材料更有可能触发多模态的体验。这也是多模态学习和多媒体学习经常交织在一起的原因。

3. 多环境

学习环境可分成不同的类型。例如，对在校学生而言，有教室、图书馆、自习室等物理环境；有包括课程设置、课程设计理念、教师教学模式等在内的学术环境；有由学生处、教务处等构成的管理环境；有通过计算机广域网构成的虚拟教学环境等。环境向学生同时提供机遇和框定。例如，图书馆向学生提供博览群书的机遇，同时也框定学生在馆内的行为以及博览群书的极限。再如，教师的知识面等构成对学生的框定，而针对学习任务采取行之有效的教学手段又可为学生提供机遇。学习可以说无处不在，发生于多种混合环境中。各环境因素都提供框定和机遇，从而左右学习效果。

如此，大学英语教师在教学设计中应尽量为学生创造可以获得充盈体验、进行模态转化学习的环境，并充分考虑到多种环境因素，特别是多种环境下的学习集成型模式。

（二）计算机技术与外语课程的生态化整合理念

近年来外语教学研究对于信息技术非常重视。整个外语教学研究范式已由“理论、方法到课程或教材”转变成“从理论、方法、技术到课程或教材”。在这种情况下，厘清计算机等现代教育技术与外语教学的关系问题尤为重要。

关于两者的关系，目前广为接受的看法是将计算机视为辅助语言学习的工具。但是这种观念存在很大不足。计算机作为辅助工具应用于教学，具有4个特点，分别是：①计算机仅充当辅助教师的演示工具；②教学内容基本与课本一致；③学生是仍被视为被灌输知识的对象；④未改变以教师为中心的教学结构。以上4个特点严重限制了计算机原本可以发挥的作用。将计算机定位为“辅助”工具，而不是外语学习的有机组成部分。因此，要充分利用计算机等现代教育技术，就必须将其视为书本一样的语言教学必备元素。正如没有“书本辅助语言学习”这种提法，计算机辅助教学的提法也应随着计算机在外语教学中的常态化而逐步废弃。

计算机成为语言教学必备元素的方式就是通过信息技术与外语课程的生态化整合。根据美国教育技术CEO论坛2000年度报告，信息技术与各学科课程相整合的内涵在于创设生动的数字化学习环境。强调数字化学习环境的创设也是整合与辅助最大的区别。本课题组进一步提出，信息技术与课程的生态化整合实际就是通过信息技术有效地融合于各学科的教学过程来营造一种信息化教学环境，实现一种既能发挥教师主导作用又能充分体现学生主体地位，以“自主、个性、探究、合作”为特征的教与学的方式，从而把学生的主动性、积极性、创造性较充分地发挥出来，促使传统的以教师为中心的课堂教学结构发生根本性变革，形成“主体导向”的教学结构。因此，整合的内涵可概括为3条：①营造信息化教学环境；②实现新型教与学的方式；③变革传统教学结构。

（三）基于建构主义的教学理念

根据以往研究，基于建构主义的教学理念与基于客观主义哲学观的传统教学理念相对立。两者在知识观、学习观、教学观、评价观、教师和学生角色、目标倾向、价值取向、信息技术应用、教学设计等方面截然不同。

建构主义教学理念的哲学基础是由维柯、杜威、维果斯基、皮亚杰等哲学家发展的建构主义。建构主义认为，与其说知识是名词，不如说它是动词。知识是一个不断认知、体验和构建的过程。知识不是对于外部世界的表征，而是由个人创造出来，用来理解亲身经历、构造意义的。学习的过程就是知识构建的过程，是在一定情况下，针对无法满足需求的知识进行质疑、探求、构建和协商的过程。教学就是创设有助于意义建构的学习环境，创设有助于交流协商的学习共同体。与传统理念的重知轻行不同，建构主义教学理论提倡知行合一，其目标是令学生获得高阶知识，促进学生实践能力的发展。在建构主义教学模式下，师生是双主体和互动对话的关系。建构主义教学理念倾向的技术应用观是“用技术学习”，主张把信息技术作为学习工具。它克服单一的以讲授为主的班级形式，超越传统的“讲中学”“坐中学”，而是走向“例中学”“做中学”“探中学”和“评中学”，最大限度地丰富学习资源、时空、方式和体验，以提高教学成效。

二、新型大学英语教学模式理论框架

纵览 3 种教学理念可以发现，它们共同强调两个核心要素，即学习环境的创设和教学结构的转变；同时，它们相互依托、相互补充。

（一）学习环境的创设

多模态、多媒体、多环境理论中，强调创设更能让学生获得多模态充盈体验以及进行模态转化学习的环境；计算机与外语课程生态化整合理念强调创设生动的数字化学习环境：建构主义的教学理念强调创设有助于交流协商、意义建构的环境。这 3 种环境实际上彼此相容。甚至通过彼此来实现。

首先，如顾日国教授所指出的，当今教学实践中，多模态学习经常依靠多媒体学习来实现，而数字化环境是多媒体学习的必要条件。

其次，与计算学理论构成的理论框架相比，本研究提出的理论框架的最大优势在于更为系统、细致，因此以其为基础建立的教学模式更具可操作性和可证伪性。该框架在理论层级上有完整的跨度：它有位于基础层面的哲学立场，有处于可证伪层面的模态转换学习假说。与其他研究中经常提到的“自主”“互动”“计算机辅助”等或模糊或复杂的变量不同，模态的多少或者转换作为一个变量更容易控制、分离与测量，因而在教学设计中更容易实现，在教学实验中更容易验证。

但是在以此理论框架为指导建立具体的教学模式过程中，容易出现一些问题。首先是在教学模式设计中，教师、学生、计算机之间的互动往往不够。某些网络教学内容仅是课本的翻版，而不是让每个学生都真正成为参与者和贡献者。

此外，部分学校的技术环境仍有欠缺，也是阻碍教师、学生、计算机之间充分互动的一大障碍。另外，在这样的教学模式下，计算机和网络成为书本一样的教学必需品，如何保障硬件软件条件、维持系统良性运转也是不得不考虑的问题。最后，是教师的角色问题。计算机技术的广泛应用不代表教师作用的淡化。事实上，在本研究提出的理论框架中，教师仍是学习共同体中的重要一员，而不仅仅是计算机开启者和网络维护者。过分地依赖机器，教学就流于一种技术的展示。当然，这些问题在单纯以建构主义理论或计算机辅助语言学习理论为基础建立的理论框架下也同样容易出现。如何在教学模式设计实践中，真正践行某种理论框架，是所有大学英语教学单位需要花费大量脑力、精力，甚至是财力才能解决的问题。

以计算机和网络技术为基础，对大量音频、视频资源进行有效地收集、处理、整合、存储、传输和应用的数字化环境，几乎可以自然而然地触发多模态学习，数字化环境在某种程度上成了多模态学习的充分条件。另外，鉴于在建构主义视域下，知识作为个人经验的合理化以及个体与他人经过协商后达成一致的社会建构，主要是通过互动来搭建，借助计算机和网络技术使教师和学生、学生与学生之间的联系显著加强的数字化学习环境有助于交流协商、有助于意义建构的环境。

（二）教学结构的转变

传统教学理念和模式中，教师是主动的传授者，学生是被动的接受者。而在建构主义教学理念下，学生与教师同样具有主体地位；在计算机与外语课程生态化整合理念中，学生是主体，教师是主导；在多模态、多媒体、多环境理论中，教师的主要作用在于创设环境以帮助学生获得充盈体验并进行多模态学习，实际上暗示了学生为主体、教师为引导者的观念。3 种理念的共同点是都赋予了学生主体地位。另外，生态化整合理念和多模态、多媒体、多环境理论，都将计算机和网络视为除了教师和学生之外的教学结构组成要素。

（三）3 种理念本身具有的关系

建构主义的知识观和学习观是多模态、多媒体、多环境理论和生态化整合理念的哲学基础。反过来，多模态、多媒体、多环境理论和生态化整合理念是在现代教育技术飞速发展的氛围下对建构主义教学理念的一种细化。另外，生态化整合理念和多模态、多媒体、多环境也具有同样的基础和细化关系。生态化整合理念提升了计算机技术在外语课程中的作用，从而扩大了多模态、多媒体、多环境学习在外语学习中的比例。而多模态、多媒体多环境学习理论，特别是模态转化学习假说，则给出了在数字化环境下教与学的一个可能方向。

在此基础上，可以勾勒出现代教育技术的新型大学英语教学模式。此新型教学模式的最大特点在于环境的创设和教学结构的改变。这里的环境指的是可以触发模态转换学习的数字化环境，这也是有利于意义构建的环境。教学结构的改变则体现在新型学习共同体的建立上。在该新型共同体中，教师、学生、计算机具有同样重要的地位，且任意两者之间都可以进行互动。学生在互动中获得充盈体验、进行模态转换学习的机会。

第三节　信息网络下大学英语自主学习发展趋势探索

信息化、网络化和国际化已成为社会发展的主流。计算机技术日新月异的飞速发展和普及，特别是以只读光盘为基础的网络多媒体技术的应用和开通，为新世纪的信息时代提供了切实的物质和技术基础，引发了一场教学领域的大变革，涉及教育体系、教学内容、教学手段与方法、教学关系、课程设置、教学评价、教学管理等诸多方面。

在国际“网络教育热”的影响下，我国高等院校网络建设突飞猛进，网络技术不断更新，网络容量扩张，传输快速、便捷、稳定，网络教学条件日趋成熟。多媒体课件与网络的结合，其信息技术的综合化、处理的数字化、传输的网络化、教学过程的智能化、资源的系列化等特点，赋予了现代教育以全新的概念和内容，推动了大学英语教学理念的转化和教学方法、手段的变革。信息网络环境下大学英语自主学习正是在这种转化和变革中发展起来的。

随着现代信息技术的发展，信息网络环境下的大学英语教学模式以课堂教学与校园网上运行的英语教学软件相结合，已成为教学手段更新与发展的一种趋势。教学模式的改变证实了网络课程的先进性，教学理念正在悄悄地、逐步地由以教师为中心向以学生为中心转移，网络为开拓个性化自主式学习、教学互动、合作学习以及教学多元化评估提供了多种可能和渠道。网络课程是全球性现代教育的发展趋势，正如比尔·盖茨预测的那样，人们将在 5 年之内达到可以用语音而不是用文字来输入，但这只是语音识别的初级阶段，最终将是实现不加限制、随心所欲的人机对话这一目标，由此可以预见，计算机技术日新月异的飞速发展将给大学英语网络课程带来更成熟的发展条件和更广阔的发展空间。

展望信息网络环境下大学英语教学的前景，以课堂教学与校园网上运行的英语教学软件相结合，开展在线自主学习 + 课堂教学的模式，将成为一种教学手段更新与发展的趋势和主要的发展方向。信息网络环境下大学英语自主学习的新型教学体系的建立，包括人—机教学系统、人—人教学系统和配套的教学管理系统。

人—机教学系统应当包括课程、答疑和测试三个子系统。

在课程系统中，首先要研究确定的是需要进入网络系统的课程，如阅读、听说、写作、语音训练、语法、词汇等与外语基本知识和技能的培养训练直接相关的课程，除此还应包括一些专题性的必修或选修课程。新型教学体系的主要支撑是设计和开发出基本符合该课程教学规律和目的的教学软件，以阅读课为例，不仅要考虑课文内容的层次、递进，更要考虑诸如课文注释，疑问解答，练习编排等教学需要，以使这样的软件能在相当大的程度上发挥作用。

答疑系统的功能是将学生在学习过程中无法从教学软件上得到解答的问题归入特定的电子信箱，再由教师将解答输入，以满足学生的特殊要求。测试系统可以题库为形式，分成检查性测试与进阶性测试两类。前者为检查学习过程中某一阶段的效果而设计，其目的是复习巩固一阶段的学习成果，而后者则是对学习者进阶能力的一种评定，判断能否取得该课程学分。

人—人教学系统应包括课堂教学和导学两个子系统。课堂教学系统除讲座型课程之外，应包括指导型课程（如翻译、写作等）、参与型课程（如会话、专题讨论等）和课题型课程。课题型课程，以一个课题为课程内容，目的是培养学生运用语言进行实际操作的能力，注重培养复合型人才。导学系统主要负责人对人教学中的答疑，以及软件系统无法尽数完成的对特殊问题和要求的解答。同时，也是教师向学生提供学习指导、咨询、思想交流等的重要形式，使教学过程更加个体化、人性化。管理系统包括总体管理、人—机教学管理和人—人教学管理三部分。总体管理负责协调人—机教学与人—人教学两部分的关系，制订相应的教学大纲和课程设置，检查、听取师生对两部分教学系统的意见与建议，随时对改进教学提出建议。它还应包括导学制的建立和管理，对学生学习业绩的管理，及时反映学生的进阶情况，向有关师生和部门提供准确及时的信息。

人—人教学管理主要负责相关的课程设计与操作，包括教学法研究、课件设计，学绩衡量等。人—机教学管理将包括硬件管理软件管理，学绩管理，其中以软件管理最为重要。硬件管理主要负责硬件的维修和改进，学绩管理主要负责软件测试系统和学籍档案的保存与定期报告。它还要参与决定课程阶段测试的时间与次数，学生进阶的一些具体问题，例如单课进阶（完成某一课程的学习后进入该课程的下一阶段）与年级进阶（完成该年级全部学分，进入下一年级）及其关系等。软件管理将是保证整个教学取得预期效果的中心。它不但要按照各种课程的要求写出相应的软件，还应当能够定期从各种信息来源上获取相关资料，与承担该课程的教师紧密合作，建立起一套稳定的课程内容更新机制等。

随着大学英语教学改革的不断深化，专业英语将是我国大学英语教学的发展方向。我国大学生英语水平的普遍提高，需对我国外语教育作战略性的调整，要点是把普通英语教学任务全部下放到中学阶段去完成，以便学生进入高校时便可专注于专业英语的学习。

复旦大学原外文系主任程雨民教授也强调指出："我国面临外语教学转型期，即基础外语教学的重点将由高校转到中学，中学培养基本外语能力，高校结合专业进行提高。"大学英语教学作战略性的调整，一是大中小学教学一条龙衔接的需要，当中学已经完成或宣告要完成英语基础教学，大学就没有必要进行重复；二是社会对外语能力的需要已呈多元化、专业化趋势，单一外语专业的毕业生已越来越不适应社会发展和市场经济的需求，用人单位要求大学毕业生一上岗就能立即承担起与自己专业相关的专业英语工作，因而国家大力提倡培养各种复合型的外语人才。根据我"全国基础教育课程改革的总目标"和"我国基础教育阶段英语课程标准的设想"，进入大学的新生将有相当一部分可能已经达到了大学英语基础课程的教学目标，听、说、读、写各项专业技能也都会上个新台阶。这意味着大学英语教师的基本任务要有一个较大的转轨，大学英语教师自身的知识结构面临一次全面的重新整合，无论是学科知识结构或跨学科知识结构都需要调整、充实、提高，只有这样才能胜任新的教学任务，这其中自然包括许多教育目标的改革，因而教师的角色转变和角色深化也自然成为题中之义，大学英语教师的综合素质、教育理念、教育理论与教学方法都需要有较大的改变，以适应个性化教学的需要。随着大学英语发展方向的转移，大学英语网络教学在实施过程中也必须充分考虑英语人才的培养模式。所谓人才培养模式，实际上就是人才的培养目标、培养规格、基本培养方式，它们决定着高等学校培养人才的根本特征，也集中体现了高等学校英语教学的教学思想和观念。从社会对英语人才的需求来看，既有非常专业化的要求，也有复合性需要，而且后者的需求远甚于前者。英语网络教学的目的，就是要运用形、声手段，目标与具体情景结合的方法，使学生的认知得到协调性发展，以便在未来的工作中能够实际运用英语语言知识和技能。

构建为外语教育长足发展服务的具有中国本土特色、创新意义和实践价值的教育体系，将成为我国外语教育的发展趋势。今后的语言习得研究将呈现出多元化趋势，建议中国学者把视野放宽，提高自身研究的普遍意义。建构具有本土性、多元性、发展性的教学体系是今后大学英语教学研究的主要方向。信息技术与课程的整合，信息网络环境下自主学习+课堂教学模式，标志着大学英语教学改革的深化，并且日趋成熟。大学英语多媒体网络教学的研究，将更加关注语言学习策略与网络英语教育的关系、网络基础上的视听说自主学习、多媒体技术与口语教学理论与实践、多媒体网络对大学英语教学的影响、多媒体教学模式中的教师角色定位、多媒体信息网络环境下的协作式学习、信息网络环境下的学生自主能力的培养等。结合相关语言学、教育学、心理学等理论，对任务式教学、自主式教学、内容式教学、互动式教学、探究式教学、合作学习、交际式教学以学生为中心式教学、多元智能理论等进行多层面的理论研究和探讨。在研究方法层面上，大学英语教师将更加注重理论反思与实证研究的结合；在研究内容方面，将更加注重国际化与本土化、理论性与实践性的契合以及外语教育的阶段性衔接与多学科融合等，强调外语教学实践中的师生互动、学生培养中的知识积累与能力提高并重。无论是知识能力培养还是教学互动，都不可忽视现代教育技术的作用。高科技的飞速发展，特别是计算机网络的广泛使用，无疑给外语教育带来了前所未有的机遇和挑战。而现代教育技术所带来的方法手段的变化将成为外语教育现代化的突破口。信息技术的飞速发展，计算机已从辅助教学全面走向了教学的前台，大学英语教学正面临着发展的机遇和挑战。机遇与挑战同在，发展与改革并存。

第四节　翻转课堂、微课模式实践

随着信息技术的改革与发展，基于网络多媒体的大学英语教学已经在大学英语教学中逐步运用。网络多媒体环境下的大学英语教学模式已经取代了传统的“满堂灌”式的教学模式，通过图文并茂、互助、合作交流的模式展现于学习者面前。因此，本章就主要介绍三种经典教学模式：翻转课堂模式、微课模式、慕课模式。

一、大学英语翻转课堂模式

（一）翻转课堂模式的历史溯源及定义

在分析翻转课堂模式的定义之前，有必要追溯一下翻转课堂模式的来源。通过对这些渊源的分析，才能够更深刻地了解其定义。

1. 翻转课堂模式的溯源

翻转课堂遵循学习规律，有其深远的历史渊源。下面从中西方两个方面来分析翻转课堂模式的历史渊源。

（1）翻转课堂模式在中国的历史渊源

孔子在《论语·为政》中曾经提出这样的观点："温故而知新，可以为师矣。"，即通过复习开始新的课程；在《论语·述而》中提出"不愤不启，不悱不发。举一隅不以三隅反，则不复也"，即启发式教学；在《论语·卫灵公》中提出"不曰'如之何，如之何'者，吾末如之何也已矣"，即讨论式教学；在《论语·雍也》中提出"知之者不如好之者，好之者不如乐之者"的观点，即倡导主体自身对学习兴趣产生浓厚的兴趣，这是求知识、做学问的一种理想境界；孔子的"学而时习之""三人行，必有我师焉"等观点反映了他注重在实践中学习的看法；而孔子的"可与言而不与之言，失人；不可与言而与之言，失言。知者不失人，亦不失言。"这一观点体现出孔子在教学中善于通过适时抓住关键点来调动弟子们的主体作用，同时体现了学与思的有机结合。

除了以上孔子的言论外，中国当代同样有类似于翻转课堂的教学方法，如山东杜郎口中学所进行的教学改革、魏书生的预习方式等，不过与翻转课堂不同的是，由于没有云学习、云教育的条件，这些学生在课下无法使用微视频进行学习。

（2）翻转课堂模式在西方的历史渊源

翻转课堂在西方的历史也很久远，古希腊时期的苏格拉底与柏拉图曾经采用启发式与讨论式教学，这可以说是翻转课堂在西方的初露端倪。

西方近现代时期，裴斯泰洛齐的主体性教学、皮亚杰的建构学习、维果斯基的“最近发展区”都对翻转课堂具有很大的启迪作用。

20 世纪 90 年代，哈佛大学物理教授埃里克 · 马祖尔创立了同辈互助教学方式。马祖尔教授将学习分为两个步骤：知识的传递与知识的吸收。过去教学模式大部分都只重视传递知识，而忽视了学生将知识内化与吸收。经过大量实验之后，人们发现马祖尔教授所提出的同辈互助教学方式可以有效促进学生对知识的内化，同时学习的效率提升了 1 倍。另外，马祖尔教授还发现计算机辅助教学可以有效解决知识传递的步骤，因此他认为教师的角色将在未来的高科技辅助教学下得到改变，从演讲者变为教练，将学生的知识内化作为教学的重点，而不是知识的传递。

2000 年，美国的迈克 · 特蕾莉亚亚在其论文《翻转课堂：建立一个包容性学习环境的途径》）中，论述了在美国迈阿密大学开设“经济学入门”课程时采用“翻转教学”或“翻转课堂”，激活差异化教学以适应不同学生的学习风格。

2007 年，杰里米 · 斯特雷耶在其博士学位论文《翻转课堂在学习环境中的效果：传统课堂和翻转课堂使用智能辅导系统开展学习活动的比较研究》中论述了翻转课堂在大学中的设置。

综上可知，翻转课堂教学模式的出现使得传统教学模式发生了颠覆性的改变，在教学中学生将成为核心部分，翻转课堂为学生提供了个性化的学习平台，这有利于学生自主学习意识、团队协作能力等方面的培养。但需要明确的一点是，没有一种教学模式是完美无缺的，翻转课堂作为一种新兴的教学模式在我国高等教育领域有很大的发展空间，这离不开广大英语工作者脚踏实地的钻研与实践。

2. 翻转课堂的定义

翻转课堂又可以称为“颠倒课堂”，其教学过程包含两大阶段是知识传授；二是知识内化。在传统教学模式中，教师往往会通过课堂知识传授的形式来传输给学生，学生通过课后作业的完成情况和具体的实践来实现知识的内化。与这一传统教学模式不同，在翻转课堂教学模式中，教师根据自己的教学计划对课前预习的内容进行布置，学生则主动利用各种开放资源来获取知识，在课堂上通过与教师进行探讨，然后完成任务，最后内化为自己的知识。

所谓翻转课堂模式，是指在课堂进行之前，学生利用教师给出的视频、音频、开放网络资源，电子教材等学习材料，自主完成课程内容，然后在课堂上主动参与教师的互动活动，最终完成学习任务。

1927年，翻转课堂模式是由美国人萨尔曼·可汗提出的，他首次利用网络视频展开翻转课堂授课，并取得了巨大成功。因此，可以说萨尔曼·可汗是翻转课堂模式的创始人。

近年来，翻转课堂模式在国内产生了巨大影响。作为一种基于网络多媒体的新型教学模式，翻转课堂模式是对传统教学流程的颠覆，这对于学生展开自主学习而言是非常必要的。作为一种新型授课方式，翻转课堂对我国英语教学改革大有裨益。但是，翻转课堂不属于在线课程，也不能运用视频代替教师，它只是师生之间进行互动的方式，为学生的自主学习提供了充分的空间和实践，从而获得个性化的发展。

现行教育体系建立的目的在于满足工业时代的需要。1899年，美国教育专员威廉·哈里斯提倡在美国的各大高校中展开机械教学模式，这一模式使得学生“中规中矩”。但这显然与当前经济发展、生活水平不相符，只有对学校教育体系进行革新，才能跟上时代的步伐。换句话说，就是源于工业革命时代的机械教学模式逐渐被当前的新兴教学模式代替。

在传统教学模式中，知识习得需要经历知识讲授、知识内化、知识外化三个步骤。通过课堂，教师完成知识的讲授，而学生在课后任务和作业中完成知识的内化。这在前面已有所提及。但是，在当前云教育、云学习的技术条件下，学生可以通过“云课程”及媒介来展开学习，当学习中遇到困难时，教师可以对其进行排解和启发，既保证了师生之间的平等交流，也保证了学生知识的进一步深化。简单来说，从先教授后学习转向先学习后教授，这就是所谓的课堂翻转。

综上所述，翻转课堂模式是对传统教学模式的变革，师生及教学方式在教学过程中都发生了质的改变。

（二）翻转课堂模式的构成

很多学者对翻转课堂模式进行研究，将其构成要素分为三个层面：课前内容传达、课堂活动组织、课后效果评价。下面对这三个层面进行分析。

1. 课前内容传达

在翻转课堂模式中，其教学的基础在于课前内容的有效传达。就目前来说，我国翻转课堂模式往往会采用教学视频与纸质学习材料这两种方式来传达教学内容。其中，教学视频被认为是最基本的形式。对于教学视频的来源，主要有以下两种途径。

（1）运用现有的教学视频

运用现有的教学视频是教师进行翻转课堂教学的最佳选择。主要有两方面的原因：一是由于教师的教学任务非常繁重，并没有多余的时间来制作新的视频；二是教师在面对视频录制仪器时，往往比较紧张，因此会严重影响教学效果和进程。可见，如果教师可以从网上找到现有的教学视频，那么必然会节省教师自身的时间和精力，且网上的教学视频资源非常丰富，教师只需下载就可以使用。

（2）制作新型教学视频

对于翻转课堂模式中运用的视频，教师除了运用现有视频外，还可以进行录制。当然，这需要教师有多余的时间和精力，他们可以运用电脑、录音软件、麦克风、手写板等进行制作。具体而言，可以做到如下几点：

①教师可以使用录屏软件对电脑操作轨迹及幻灯片演示轨迹进行捕捉。

②教师可以利用麦克风对讲述的音效进行录制。

③教师可以运用手写板对书本上的书写效果进行提升。

④教师可以利用音频编辑软件对录制的声音进行加工。

另外，教师还需要对画面质量进行关注。基于此，教师需要考虑制作的视频应该尽量短小。这是因为当前的社会生活、工作学习节奏快，如果视频过长，那么难免会引起学生的厌烦；相反，如果视频短，那么则能激发学生的兴趣，引起学生的响应。

2. 课堂活动组织

在翻转课堂模式中，教师需要对课堂活动进行组织。在组织课堂活动过程中，教师需要注意如下几个层面。

首先，对于大学英语教学而言，导读类课程比较适合翻转课堂教学，这类课程通过网络多媒体展开。在课下，学生按照教师的安排习得内容；在课堂上，教师解释重难点问题，进而通过网络多媒体实现在线测试。完成测试后，学生可以即时获取网络背景知识和学习资源，同时还能与之前的测试结果进行比对，从而加深自己的知识。

其次，英语课程涉及语言与文化两大因素，教师在对学生的学习进行安排时，需要从初级认知的识记理解开始，转向高级的综合应用，完成一系列的递增过程。同时，教师在安排学生学习时还需要组织与此相适应的学习活动，在学生固有知识的基础上加深其对不同文化知识的理解和掌握。

最后，在合作学习的基础上应结合个体学习，因为个体学习有助于学生充分领会和识记。

3. 课后效果评价

在翻转课堂教学模式中，教师需要重视课后效果评价。翻转课堂模式常采用个性化学习测试，依靠的是教师与学生在接触的过程中形成的评价。也就是说，教师需要依据自身经验，对学生的知识掌握程度进行判断。这种即时的评价有利于纠正学生对知识的误解，且能够根据不同学生的差异，为他们提出合理化的建议和指导。但是，由于翻转课堂兴起时间较短，其评价与测试形式并不完善。因此，翻转课堂模式的学习评价主要是要求教师与学生之间进行及时交流与沟通，并根据学生的不同个性特征来加以引导。另外，教师还需要提供更多渠道来为学生展示学习成果，让学生建立起足够的成就感和自信心，促使他们有学习的动力。

（三）翻转课堂模式的优势

通过翻转课堂模式的定义可知，该模式是对传统教学模式的颠覆。具体而言，翻转课堂模式有如下几个方面的优势：

1. 有助于学习者安排学习时间

翻转课堂模式有助于学习者安排学习时间，尤其是即将毕业的大学生，他们需要在实习工作上花费很多时间，因此并没有充足的时间置于课堂学习。这些学生需要的是能够迅速传达知识的课程，让他们在闲暇时间学习知识。对于这些学生来说，翻转课堂模式是非常适合的，利于他们对自己学习时间的安排。

2. 有助于师生展开课堂互动

与传统课堂教学模式相比，翻转课堂模式改变了师生之间的相处方式，教师与学生之间逐渐形成了一对一的交流。如果学生对某一知识点存在质疑，那么教师可以将这些学生集中起来，对他们进行特别指导。另外，在翻转课堂上，学生会展开大量的互动，他们不再将教师看成是知识的唯一来源，还包含其他同伴之间的互动学习。

3. 有助于差生进行反复学习

在传统教学课堂中，教师将更多重心放在成绩优秀的学生身上。这是因为，在老师的眼中这些学生可以追赶上教师的步伐，且愿意积极主动地参与到教师的教学中。但是，除了这些成绩优秀的学生外，其他英语水平相对较差的学生往往是被动听课，甚至很难跟上教师的节奏。对于这种情况，翻转课堂有助于帮助这些学生。在翻转课堂上，学生可以随时对视频进行暂停或重放，直到自己理解和明白为止。另外，翻转课堂模式还可以节省大量教师的时间，让教师将更多精力投注于学生的身上。

4. 有助于学习者实施个性化学习

众所周知，各大高校的学生来自不同地区，其自身发展水平必然会存在差异，参差不齐，尤其是兴趣爱好和学习能力等。虽然当代的教学研究领域注意到了这一问题，但是传统教学模式很难实现分层教学，而翻转课堂教学模式恰好解决了这一问题。翻转课堂模式根据学生的兴趣、能力等展开教学，使每位学生能够从自己的进度出发来进行学习。

5. 有助于课堂管理的人性化

在传统课堂教学中，教师为了帮助学生获取知识，需要密切关注学生的注意力和整个课堂的纪律问题。如果学生被某些事情影响了心情，那么必然会影响他们学习的进度。但是，在翻转课堂中，这一问题是不存在的。

首先，翻转课堂模式将学习的主动权归还给学生。如前所述，翻转课堂模式是对师生间、生生间互动关系的强化，让学生最大限度地发挥了主观能动性，即学生掌握了主动权。虽然传统课堂中教师也会辅导学生，但由于受传统理念的影响，这些教学改变只存在于形式上，教学活动仍侧重于讲授，学生完全没有占据主体地位。在网络多媒体环境下，翻转课堂模式获取了名正言顺的地位。在翻转课堂中，学生根据教师提供的资源首先进行自主学习，体现学生的主体地位，然后在课堂上与教师展开讨论，深化自己的知识。

其次，翻转课堂模式扭转了传统教学模式下学生的学习观念和学习态度。翻转课堂中的学习内容是根据学生的需要、兴趣来定位的。在总体学习目标下，学生通过教师提供的学习途径、学习材料完成知识建构，提升自身的知识水平。

最后，翻转课堂使学生对教师的依赖性降低。这是因为，翻转课堂中知识的习得置于最前的位置，学生的自主性逐渐提高，有效淡化了学生对教师的依赖。在自主学习中，学生不得不将自己获取帮助的想法转向其他同学，经过一段时间后，学生便形成一种习惯，即与其他同学进行探讨和交流，主动接收学习知识的过程，这样不仅可以提升学生的知识水平，还能提升他们的人际交往水平。

（四）翻转课堂模式的实施方法

根据相关学者的研究，一些学者提出了翻转课堂模式的基本流程，如图 3-1 所示。

分析上述翻转课堂教学的基本流程及教学理念，大学英语教师根据其所授课程内容形成了多种教学流程。具体而言，涉及如下两大层面。

1. 进行课前安排

在课前安排方面，教师要为学生准备充足的学习资料，如电子教材、外语参考书籍、国内外相关外语专题网址及微视频教程等。

阶段	具体时间	教师教学活动	学生学习活动
课前	课前一周	发布学习任务和资源	自学活动完成个人作业
课中	第一节课	小组作业指导 解答疑难问题	组内协作 完成小组作业
	第二节课	教师点评	分组汇报 组间交流
	第三节课	补充讲解 答疑解惑 布置作业	修正理解 提问讨论 互动交流
课后	课后一周	平台交流	修改作业 上传平台

图3–1　翻转课堂模式的基本流程

（1）电子教材的设计

在电子教材的设计上，应该注重其完整性。也就是说，纸质教材的内容及附加的音频、录像、解释材料等在内的内容应包含在电子教材中。此外，还有语料库数据、相关网站等资料，可以运用链接形式注入电子教材中，便于教师和学生使用。

电子教材除了设计要保证完整性外，还需要遵循一些次要原则：

①模态协作化原则。由于电子教材的设计涉及多模态形式，在运用多模态时需要考虑几个因素：一是现有的设备条件是否适合使用多模态，能否为教师留有选择的空间；二是运用多模态能否产生正面效应，其教学效果如何；三是考虑多模态的运用是否会出现冗余，避免浪费；四是多模态形式是否能够进行强化和互补。

②模态分配分类化原则。模态分配分类化是指根据不同的教学条件和教学对象来分配不同的模态组合。著名学者陈敏瑜在对多模态进行研究时，发现大学教材中的绘图大多为纲要式或者抽象式图表，而小学教材多为漫画式，这就说明教材的编写是根据学生的认知能力和基础知识界定的。因此，在设计电子

教材时，同样需要考虑学生的认知能力和知识水平，如文科生适合形象化的模态，而理科生适合抽象化的模态。

③超文本化原则。在电子教材中，教学材料是主语篇，而提供背景、解释、练习材料的是小语篇，二者通过不同层次的方式构成个相对复杂的语篇网络。

④个性化原则。电子教材设计的个性化是从学生的个性特点出发来组织教学。由于学生的起点不同，其使用的模态也必然不一样。为学生提供多种可供选择的教学模态，有助于提升学生的学习兴趣，避免出现“一刀切”的情况。

⑤协作化原则。在多模态学习的环境下，学生要相互进行协作，以小组的形式来完成学习任务、实现学习目标，进而提升整个小组成员的知识水平。

⑥模块化原则。所谓模块化，是指电子教材的设计以阶段性目标为核心，根据这一目标为学生设计教材，并在此基础上设计完成任务和目标的措施和方法，指导学生根据步骤来学习，为实现自己的目标努力。

（2）微视频的设计

微视频是当前翻转课堂模式常用的学习资源，具有很强的针对性。在课堂开始之前，教师可以根据课堂学习目标准备两个或三个微视频，一个微视频仅介绍一个知识点就可以，如果介绍的内容太多，那么就会影响学生的理解和学习。对于微视频的设计，教师需要注意以下几个方面。

①英语教学视频的视觉效果、互动性、时间长度等都会对学生的知识习得产生影响。在微视频中，教师要对学习内容进行合理设计，并设计课前练习的难度与数量等，以帮助学生将新旧知识结合起来。

②学生在课前学习过程中，可以利用网络多媒体软件等与其他学生进行交流与沟通，将自己学习中的难题和疑问排除掉，使学生彼此间提高。

③在微视频的设计上，教师还需要考虑学生的适应性。刚接触视频时，学生很难集中自己的注意力，他们更专注于笔记的记录。为了改善这一局面，教师可以为学生构建视频副本，帮助学生解除后顾之忧，引导学生对视频内容进行关注。

④在微视频的制作上，教师不仅需要对整体上的视觉效果进行重视，还需要突出学习的要点和主题，根据知识结构来设计活动，为学生构建内容丰富、形式新颖的平台，让学生对微视频学习产生更大的学习积极性。

⑤当微视频制作完成之后，教师可以将这些视频上传到网上，学生可以通过学校网络随时下载。

⑥当学生完成微视频的学习后，需要对自己的学习情况进行总结。如果遇到问题，可以将这些问题反馈给小组长，然后由小组长向教师汇报。

2. 展开课堂教学

在翻转课堂上，教学大概涉及五大步骤：合作探究、个性化指导、巩固练习、反馈评价以及课程总结。

（1）合作探究

首先，要合理进行分组。合作学习实际上就是小组学习。合作学习中组员之间的结构是十分重要的，因此教师在分组时要注意各小组成员在能力水平、知识结构上的多样化。同时，各小组成员之间保持个性特点的均衡也有利于各个小组间进行竞争和学习。一般来说，各小组成员应该遵循“组间同质，组内异质”这原则，保证小组成员中具有不同层次的知识水平，提升小组内能力欠佳学生的积极性，促使任务的完成。另外，小组内的成员应该进行分工，即每一位成员在小组内都应该体现自己的作用和位置，在完成任务的过程中能够积极地进行思考。

其次，对问题进行策划和提出。小组合作的内容要具有操作性，即设置的问题能够进行讨论。在课堂开始之前，教师应该根据不同的学习内容和任务明确分组的原则，明确规定小组内各个成员任务以及完成任务的时间。在合作学习中，教师处于引导者的地位，为不同学习小组制订不同的学习任务，使各个小组间能够相互合作、共同学习、共同进步。

最后，要合作实施，并对过程进行控制。小组合作学习并不是在任务开始时就要求一起完成任务。事实上，在任务开始时，小组成员需要对任务进行研究和探讨，且各个成员之间独立进行思考，通过独立的思考来促进和思维发展。

之后，小组成员之间对思考的成分进行交流，发表自己的观点和看法，最后对各种信息和观点进行汇总，组合成一个一致的观点。当然，小组内还需要个发言人，发言人需要将观点向教师反馈。

（2）个性化指导

在个性化指导阶段，教师需要为各个小组解答问题与疑惑在合作探究中，不同小组会产生不同的问题，教师应该根据不同的问题进行个性化指导并解答问题；对于一些共性问题，则可以集中起来予以解答。

（3）巩固练习

在巩固练习阶段，在教师的个性化指导下，各个小组需要进行总结，并通过不断练习来加深印象，对重点、难点知识进行巩固。另外，这一阶段需要各个小组间的学习与交流，引导学生贡献学习经验和知识。

（4）反馈评价

对小组合作学习情况的评价主要包含两个方面：一是对学习过程和结果进行评价；二是对小组及小组内成员进行评价。在对各学习小组进行评价时，教师需要将重心放在整个小组任务的完成情况上，而不是放在某一小组成员的成绩上。同时，教师还需要评价小组内成员参与的主动性、积极性，这样既可以为其他小组内的成员树立榜样，还可以激发小组内成员的热情，调动学生学习的积极性，防止学生产生依赖性，更好地实现合作学习。

（5）课程总结

课程总结是合作探究的最后一步，各小组间进行交流与信息沟通。教师应该给予小组内不同成员充分的支持，使各个小组都能够顺利完成学习任务，实现既定目标。

总之，大学英语翻转课堂模式不仅是对课前预习效果的强化，更是对课堂学习效率的注重和提升。对于教师来说，通过课堂活动设计来使学生知识内化是教师的重要任务，也是大学英语翻转课堂教学的目的。基于此，教师在设计课堂任务时应该对写作、情境等要素予以充分利用，引导学生通过真实体验来实现知识内化。对于大学英语翻转课堂而言，学生展开学习的基础在于信息资源及技术工具等的运用。

二、微课

随着网络多媒体技术的引入，人们的学习方式逐渐发生改变。在网络及“微时代”的双重影响下，微课模式已经悄然进入大学英语教学的领域，并成为人们探索新教学模式的一个重大突破口。可以说，微课是一种新的网络学习资源，并在国内迅速发展，成为基于网络多媒体的大学英语新教学模式。大学英语微课模式的定义、构成、优势及实施办法等成为当前研究的热点，下面就对这几大方面展开分析和探讨。

（一）微课模式的定义

从字面上来说，“微课”有如下三个层面的阐释。

①对于“课”这一概念来说，微课是“课”的一种，是一种课式，呈现的是一种短小的教学活动。

②对于“课程”这一概念来说，微课同样是有计划、有目标、有内容、有资源的。

③对于“教学资源”这一概念来说，微课具有丰富的教学资源，如数字化学习资源包、在线教学视频等。

但是，对其内涵进行挖掘，可以发现微课是一种具有单一目标、短小内容、良好结构、以微视频为载体的教学模式。微课的最初理念是通过正式或者非正式的学习方式，人们不断对短小、主题集中、与实践紧密结合的专业知识进行学习，从而提高学习效果，促进知识的内化。

在这一理念基础上，我国学者对微课模式展开了重点研究，很多学者提出了自己独到的见解。

黎加厚认为，“微课是时间在十分钟内，教学目标明确、内容短小，能够对某一问题集中说明的微小课程。”

焦建利认为，“微课是以某一知识点为目标，其表现形式是短小精悍的在线视频，主要应用于教学和学习的一种在线教学视频。”

胡铁生，黄明燕，李民认为，“微课又可以称为‘微型课程’，是建立在学科知识点的基础上，构建和生成的新型网络课程资源。微课以‘微视频’作为核心，包含很多与教学配套的扩展性或支持性资源，如‘微练习’‘微教案’‘微反思’‘微课件’等，从而形成了个网页化、半结构化、情境化、开放性的交互教学应用环境和资源动态生成环境。”

上述这些学者的概念具有针对性，并一定程度上反映出微课模式的基本特征，虽然具体内容存在某些差异，但是其理念和核心基本一致。涉及综合性问题，作者更倾向于胡铁生的定义。作者认为，微课从本质上是一种对教与学进行支持的新型课程资源，而且微课与其他与之匹配的课程要素共同构成了微课程。从这点来看，其属于课程论的范畴。当学生通过微课模式开展学习时，他们就是以微课作为媒介与教师产生交互活动，通过面对面辅导、在线讨论等进行直接交互，从而产生有意义的教学。从这点来说，其属于教学论的范畴，其关系可以从图 3-2 中体现出来。

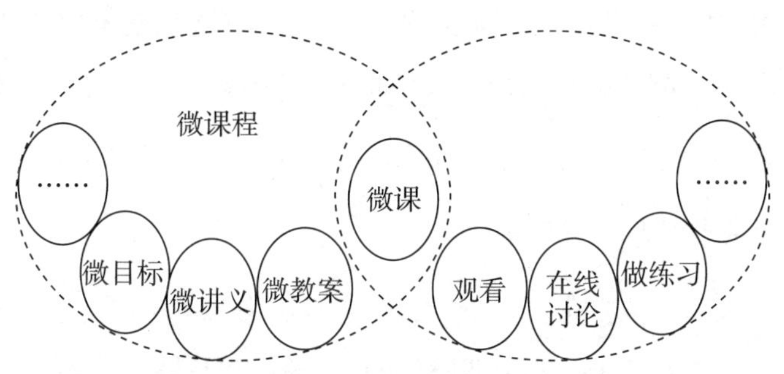

图3–2　微课、微课程与微“课”的关系

（二）微课模式的构成

从微课的课程属性出发，微课需要具备必备的课程要素。具体而言，主要涉及四大要素：目标、内容、活动、交互和多媒体，如图 3-3 所示。

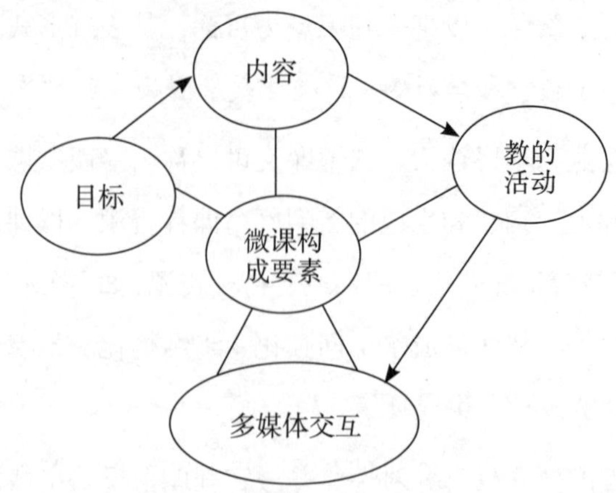

图3-3　微课模式的构成要素

1. 目标

目标是指教师预期微课模式的适用教学阶段，以及期望教学所要达成的结果，主要包含以下两层含义。

（1）应用目的，即设计开发微课模式的原因。这与微课模式是在课前、课中还是课后运用有关。如为学生的课后练习提供指导而制作的相关练习讲解的微课。

（2）应用效果，即教师在使用微课模式后期望学生所能够解决的具体问题，如掌握某一体裁的英语写作方法、阅读理解题的解题技巧等以引发学生思考。

一般来说，微课模式的目标是具体明确、单一的，其对于微课内容和应用模式的选择起着重要的指导意义。

2. 内容

微课内容是指为微课模式预期服务的，与特定学科相关的有目的、有意义传递的信息与素材。也就是说，大学英语微课模式的内容是教师实现预期目标的信息载体。根据微课的目标，并结合学生的学习情况以及准备应用的教学阶段等教学实际来设计微课模式的内容。微课内容不同，教师对教学活动的设计也不一样。但是，由于微课的时间很短，内容上往往具有主题明确、短小精悍、独立的特色，因此需要教师对微课内容进行精心选取。

3. 活动

活动是主体与环境的相互作用过程，其中环境涉及主体本身、其他主体以及客体。这里所说的“教的活动”是指教师这一活动主体与特定微课内容这一客体之间的相互作用过程，通过这种相互作用，向学习微课的学生将教学信息有效传递出来，以帮助学生对课程内容进行理解与思考。教的活动是实现微课目标的一种有效方法。从方法上来说，教的活动可以分为教师的演示、讲授、操作及其他主体间的互动等活动类型。

4. 交互和多媒体

要想完成微课中教的活动，教师必须要借助某些特定工具来保证学生能够正确理解微课内容的意义，从而实现学生与微课的相互交流。在微课模式中，这种工具主要包含以下两种。

（1）交互工具。学生进行微课学习，能够促进学生与微课间进行操作交互和信息交互，其交互的类型与形式如表 3-1 所示。

表3–1　微课的交互类型与形式

类型	形式	直接交互对象
概念交互	引发认识冲突的言语 引发认识冲突的画面 具有提问性质的言语	学生与多媒体信息
信息交互	叙述性的言语 叙述性的画面	
操作交互	人与机器间的交互工具	学生与交互界面

（2）信息呈现工具——多媒体。多媒体能够更好地帮助教师对教学内容进行表达和解释，提高学生在进行微课学习时与学习资源间的交互有效性，如微课中课件、动画、图形、图像等的呈现。

总之，微课这四大因素是相互影响、相互关联的。通过对这几大要素的设计，教师有助于构建成一个具有结构化数字化课程资源。

（三）微课模式的优势

从微课的定义与构成上不难看出，微课与当前信息技术相适应，也与《大学英语教学指南》相适应，是一种新兴媒体在教学领域的运用。可以说，微课在大学英语教学中的优势非常明显。

1. 教学内容少

微课模式主要是对课堂教学中某一知识点教学的凸显，或者是对教学中某一环节或者某一主题活动的反映。与传统教学内容相比，大学英语微课教学内容精简，更符合教学的需要。

2. 教学时间短

一般来说，大学英语微课教学视频时长为 3 ~ 8 分钟，最长也不应超过 10 分钟。相比之下，传统课堂教学时间长，一般为 40 ~ 45 分钟。因此，微课常常被称为“微课例”或“课堂片段”。也就是说，微课教学时间短。在当前的大学英语教学中，使用微课模式有助于针对教学难点开展教学，使学生能将这些注意力集中在教学的黄金时段，通过与教师的互动解决学习上的困惑。

3. 资源容量小

通常情况下，微课模式中的教学视频及配套资料的容量约为几十兆，容量一般比较小。在大学英语教学中，微课这一模式有助于教师与学生间流畅地展开交流。

4. 资源构成情境化

大学英语微课教学的内容通常具有鲜明的主题，且指向也完整、明确。教学视频片段是微课的主线，并以此对教学设计及其他教学资源进行统整，从而构筑成一个类型多样、主题凸显、结构紧凑的“主题单元资源包”，创造出一个真实的教学资源环境。这就使微课资源具有了视频教学案例的特点。这样真实、具体的情境不仅有助于学生提升自己的思维能力，还有助于提升教师的教学技能和学生自己的学业水平。

5. 反馈及时、针对性强

微课教学内容少、教学时间短，因为可以在短时间集中开展“无生上课”活动，因此教师和学生都可以迅速获取反馈信息。此外，每一位学生都可以参与进课前组织预演，相互学习，这在一定程度上有助于减轻教师的压力，保证英语教学活动顺利开展。

6. 成果简化、多样传播

由于微课教学内容主题鲜明，内容具体，因此其成果易于转化和传播。同时，微课教学时间短、容量小，因此其传播的方式也是多种多样的，如网上视频传播、微博讨论传播等。

7. 主题鲜明、内容具体

微课课程的开展是建立在某一主题上的，其研究和探讨的问题也主要来自具体、真实的教学实践。例如，教学实践中关于教学策略、学习策略、重点难点、教学反思等问题。

（四）微课模式的实施办法

就当前的教学实践来说，微课模式有着重要的发展前景。虽然微课的设计是当前研究的重点问题，但是也不能忽视微课模式在教学实践中的应用。因此，下面就大学英语微课教学提出一些建议。

1. 建立微课学习平台

微课模式主要建立在视频这一载体上，同时还需要一些辅助模块，如微练习或互动答疑等，这些对于提高学生的学习兴趣、培养教师的信息化应用能力十分有益。其中，一个较为创新的方法是微慕课平台，使微课模式展现出慕课模式的系统性和专业性。这一平台具有一定的知识含量，且结构灵活、系统性强、制作成本低等优点。

2. 提升微课录制技术

微课录制技术更追求质量，而且要尽可能地简单，使教师乐于录课，并能够快速提升自己的微课录制技术。另外，微课的研究人员需要在网络多媒体技术上进行改进和发展，追求卓越，尽可能地使微课模式得以普遍推广。

3. 加强资源开发，实现共建共享

当前的大学英语教学中仍存在着教学资源不均衡的情况。而微课的出现，使得优质的教学资源通过网络传送到全国的高校中，从而实现资源共享。

第四章　现代信息技术与多元化英语教学模式

第一节　基于信息技术的大学英语动态分层教学模式

随着新课改的不断推行，信息技术与高等院校教学的联合应用越来越普及。信息技术为大学英语教学模式提供了更多的机遇，再加上动态分层教学的联合应用，可以提升大学英语的教学效果和教学能力，对我国大学英语教学模式的改革和创新具有重大的意义。

一、动态分层教学模式的概念及原理

分层式动态教学模式就是以学生的学习情况、性格特征及学习能力为基础，将学生分成两个或多个英语水平差异较小的群体。英语教师根据群体中学生的英语学习能力布置教学任务，并以成绩为参照标准对学生进行科学的评价。这种教学方式能够满足学生的各项需求，让学生在英语学习中获得更多机会，提升学生对知识点的理解能力。分层式动态教学模式主要分为两种教学层次，分别是显性教学层次和隐性教学层次。显性教学层次是以某个公开的标准来进行排序并开展教学的，没有班级的限制。而隐性教学层次主要开展于班级教学中，有助于教师开展个性化教学。在信息技术的支持下，大学英语分层式教学已经呈现出了一种新的教学趋势，弥补了传统教学模式的不足，最大限度地降低了学生差异化对教学质量的影响。

动态分层式教学模式的原理主要有三个：一是成败原理。俗话说：不论黑猫还是白猫，能抓耗子的就是好猫。这种理论同样适用于高等院校的教育事业

中，当学生成功地处理难度较大的问题后，往往会期待对难度更大的问题进行探究；如果学生长时间仍未找到问题的解决方案，就会失去信心，继而产生较强烈的厌学现象。二是因材施教。我国著名的教育学家和思想学家孔子和韩愈曾主张对学生进行针对性教学，即因材施教。这种教学原理可以鉴别学生的综合素养，有计划、有目的地开展教学活动，继而提高大学的教学质量。教师在教学过程中，不能以同一个标准来要求个体差异较大的所有学生，要根据学生的能力和学习情况开展教学计划，这也成为了我国现阶段高等院校教学改革的重点要求。三是以人为本。传统的教学模式多以“填鸭式”教学为主，过于突出教师的教学地位，忽视学生在教学中的主体作用。分层式动态教学模式正好可以弥补传统教学模式的不足，将主体地位交还给学生，教学开展的所有活动都以学生为原点，调动学生的主动性。教师在教学过程中，应该以观察者的身份来监督学生的学习状态，满足学生对教学的个性化需求，深度挖掘学生的学习潜能，对学生的三观形成进行正确的引导，以科学的手段来提高学生学习大学英语的积极性，并锻炼学生的创造能力和思维能力。

二、大学英语在信息技术环境下的动态分层教学探究

（一）大学英语动态分层教学模式与信息技术融合的必要性

在信息技术构建的环境下，大学英语教学模式进行了不断的完善和突破，不再以纯板书讲授为主，形成了新的教学模式。这种教学模式以信息技术为支撑，将枯燥、无味的教学知识以多样化的形式展现出来，如图片、文字、声音和录像等。学生在学习大学英语的过程中，接收到知识点，新的教学模式为学生创造了一个良好的学习环境，提高了语境的真实感，吸引了学生的注意力，提高了学生对大学英语的学习兴趣。信息技术和分层式教学模式的融合加入，丰富了大学英语“听、说、读、写”四个主要模块的教学资源，为教师的多样化教学提供了便利。例如，教师在开展听力教学时，可供学习的听力材料有《大学生体验式英语教材》《新概念大学英语教材》《大学英语听说训练教材》等，增加了教师的选择难度。将分层式动态教学模式加入到听力教学后，教师可以

根据学生近期的听力成绩，在信息技术环境下为学生推荐适合的听力教学。学生可以根据自己的学习兴趣选择适合的学习资源，最大限度地开发自身的听力潜能。而且，信息技术可以为教师提供一个了解学生学习情况的平台，方便根据学生的学习现状建立档案并更新，为后期开展评价奠定基础。

（二）教学内容的动态分层

教师需要“吃透”现有的大学英语教材，以教学大纲为辅助制定各个层面的教学目标，再将教材中的主要内容进行分层式动态教学。例如，当教师开展听力教学时，学校提供的教材为《大学英语听说训练》（第 3 版）。这本书中的听力训练内容安排比较科学，难度呈由易到难的模式。每个单元都由技巧练习、语言练习、口语练习和听力延伸训练四个模块构成，其中技巧练习涉及的内容较简单，包含两个模块，可以分别对学生的听力技巧和交际口语进行训练；语言练习需要学生对两个篇幅较短的文章进行理解，锻炼学生对知识点的掌控能力；口语练习是以上述文章的内容和日常交际用语为基础开展的；听力延伸训练是难度较大的课堂听力练习。教师在应用这个教材开展课堂听力训练时，需要以学生的学习能力为基础进行分层式动态教学，以成绩为参考标准将学生分为 A、B、C 三个层次，对于英语基础较差且学习能力较差的 A 组学生应该要求其完成技巧练习和语言练习，将口语练习作为延伸教学内容；对于英语基础一般且学习能力一般的 B 组学生应该要求其完成前三项练习，将口语练习作为延伸教学内容；对于英语基础较好且学习能力较强的 C 组同学应该要求其完成四项练习。长此以往下去，A 组同学积累的基础知识点越来越多，当其能够自主地完成口语练习的相关训练内容时，即可升为 B 组成员。而且教师在开展教学的过程中，还需要在信息技术环境下开展上述四部分的教学活动，最大限度地开发学生的学习潜能，采用多种多样的方式将复杂的语法知识深深地刻画在学生的头脑中。学生在阶段性学习的过程中，获得了极大的满足感，再加上教师的正向引导和鼓励，提高了学生学习大学英语的效果和能力。

（三）以学生为主体的动态分层

上文中已经举例对学生的动态分层进行了说明，就是根据学生的能力水平和学习需求进行分层教学。但这种分层模式并不是一成不变的，需要教师定期进行考核，不断调整各个教学层次中的人员。需要注意的是，由于大学生的荣辱心、攀比心较强，教师应该将这种层次编排尽可能弱化，只将其作为教学时的参考标准，不要在班级中大肆宣扬。这不仅可以保障教师正常地开展教学，还可以对学生形成一种特殊的保护，防止学生出现“破罐子破摔”的不理智的学习行为。

（四）作业布置的动态分层

作业的完成情况是教师评判学生学习情况的重要参考标准，也可以对学生学习到的知识点进行巩固和训练。因此，教师在开展分层式动态作业布置时需要利用信息技术中丰富的教学资源，提高教学质量和教学效率。例如，在开展大学英语写作训练时，教师可以以“春天”为主题，根据学生的学习层次，将信息技术作为写作环境，布置相应的写作训练内容。学生在完成写作后，发送邮件到教师的邮箱中，提高教师的批改效率。

（五）评价机制的动态分层

评价机制在大学英语教学中占据非常重要的位置，它既可以让学生在相互交流评价中改进自身的缺点，又可以让学生在学习大学英语中获取新的思路。通常分为两种评价形式：一是形成性评价机制，需要参考学生的课堂状态、出勤情况及作业分数等，综合性较强；二是终结性评价机制，以学生的考试成绩为主。其中，第一种评价机制常常在大学英语教学过程中开展。例如，在对学生的作文进行批改时，教师在信息技术环境下让同层次的学生进行不定向的相互批改，并让学生根据评价建议完善作文，实现共同进步的理想化教学。

综上所述，想要大学英语取得理想的教学成绩，就必须将学生的实际情况和教学进程作为基础开展分层式动态教学，创新教学模式，再加上信息技术的辅助，来提高大学英语与学生和教师的需求契合度。但这种分层式动态教学在开展隐性分层教学时不宜让学生知晓，防止学生出现自卑心理，弱化教学效果。

第二节　信息技术支撑下的大学英语课堂互动模式

信息技术的快速发展为现代课堂教育互动模式的变革和创新提供了机遇，顺应了教学改革的要求，符合科技全球化形势下对人才的全方面培养的需求。本节将重点探索在信息技术支撑下如何提高大学英语课堂的互动教学效果和学生的学习兴趣。

一、信息技术对大学英语课堂互动的作用

随着互联网以及科学技术的发展，越来越多的大学英语课堂教学模式走进了大学校园，这对促进大学英语教学过程有着非常重要的作用。信息技术的发展带领我们进入了“信息时代”，这不仅改变了我们生活和学习的方式，同时还给教育领域带来了很大的发展机遇。信息是我们时时刻刻都在接触的资源，而如何将这些资源合理地应用到大学英语课堂互动环节中，是个值得深入研究的问题。

信息技术能够打破传统的大学英语教学方式，极大地促进大学英语课堂互动环节的发展。由于学生自身性格以及授课教师授课方式的不合理，大学英语课堂互动环节往往被忽视了。而互动是个非常重要的、能够促进师生之间交流的环节，所以，应该重视信息技术在大学英语课堂互动环节的作用。信息技术支撑下的课堂互动能够将文本、图像、视频以及动画等工具合理地结合起来，从而最大化地实现师生在课堂上的互动。尤其是网络信息技术的快速发展，使教师和学生的互动不再受到时间和空间的局限，可以随时随地地进行沟通交流，为学生的自主学习提供了更多便利。新的交流互动模式也使学习内容更灵活，实用性更强，知识的趣味性和知识性相结合，大大提高了学生的学生兴趣，英语不再是一门应付考试的功课，而是变成了交流和使用的一种语言，使学生的学习态度大大改观。

二、信息技术支撑下的大学英语课堂互动模式

信息技术支撑下的大学英语课堂互动模式要充分利用先进技术，改变课堂教学模式，突破课堂教学的单一、死板，使课堂互动变得灵活，促进师生、生生之间的交流合作，主要从以下几个方面进行大学英语课堂互动模式的创新：

（1）教学方式灵活多变，突出个性化。运用先进的信息技术，能够方便学生根据自身的特点和认知规律进行自主学习，并可突出教学内容的个性化和多样化。利用多媒体的交互性，教师可以改变教学模式，制定好教学目标，将计算机作为教学工具，设计综合性较强的任务活动，让学生充分参与其中，提供给学生分组学习和自主学习的机会，鼓励学生进行自主交流和师生交流，从语境、语义、环境模拟等方面来提高学生的英语水平。利用计算机，进行人机交互练习，更能方便学生自主学习。学生根据自己的学习进度和知识掌握程度，完成学习目标，掌握学习进程，不受时间和空间的影响，方便自己查漏补缺。

（2）通过利用信息技术，达到大学英语课堂教学环境模拟的情境化，提高学习效率。情境教学是大学英语课堂互动常用的一种有效的教学模式，通过情景模拟和情景演练等，帮助学生理解抽象概念，提高其口语表达能力和学习兴趣。多媒体信息技术可以通过模拟有趣的声音、提供生动的画面、展现动作和创造仿真声音等为情境教学提供便利，使教学情景更加真实，超越传统教学模式，使学生的记忆更加深刻，寓教于乐，达到良好的学习效果。

（3）丰富的网络教学资源使课堂互动教学突破时间和空间的界定，促进教学媒介的多样化。学生可以通过网络教室、多媒体互动平台以及自媒体平台等多种媒介，实现师生的互动交流。学生可以利用互联网查阅英语资料和文献、练习口语，提高阅读能力，还可以通过网上交流、影音资料、视听学习等与更多的英语学习者和爱好者进行交流和讨论，将英语学习当成乐趣。教师也可以利用自媒体等开设交流群和互动空间，打破学习的时间局限，使学生可以随时随地地进行交流和学习，教师也可以随时给予学生指导，帮助学生解决难题，提高其学习效果。

（4）考核方式和评价体系的人性化。信息技术的广泛应用，改变了传统的考核模式，为教师对学生进行一对一考核提供了便利，同时教师也可以对每位学生进行及时评价，帮助学生找出学习的不足，掌握学生的学习进度和状态，及时帮助学生调整学习态度和方式，给予每位学生关怀。同时也可以实现学生之间、教师之间、师生之间的网上互评，通过互联网大数据分析等，了解学生的局部和整体状态，使教学评价更加客观，也为英语课程教学改革提供依据。

信息技术支撑下的大学英语课堂互动模式对提高大学英语课堂教学质量、激起学生听课热情具有十分重要的意义。对该过程进行研究不仅能够让人们更清楚地认识到信息技术对大学英语课堂互动环节的重要性，还能够为进一步完善该过程提供理论指导。

第三节　信息技术环境下的英语专业笔译教学模式研究

一、传统英语专业笔译教学存在的问题

总的来看，传统笔译教学主要存在以下突出问题：

认知误区。目前有些教师和学生对笔译教学仍存在一些认知上的不足。一方面，有些翻译教师认为学生语言能力的培养不属于翻译课的教学目标，翻译教师只负责翻译教学，不负责教学翻译（通过翻译学习语言）；另一方面，学生对翻译课有不合理的预期，以为只要在课堂上学习一些翻译技巧，就能成为合格的翻译者。

课程设置不合理。整体上，笔译课程设置薄弱，课型单一，课时偏少。由于师资、课程认知、课程设置等诸方面原因，很多高校要么只开设一个学期的笔译课程，要么将笔译与口译或其他翻译课程混合起来进行教学，这就使得笔译教学的时间非常有限，学生缺乏足够、有效的翻译实践训练来进一步提升自己的翻译理论和技巧，也不能对翻译课程有一个系统的认识。

教学模式单一。课程设置的不合理进一步造成了翻译教学的单一性，具体表现在教材单一、教学方法单一和测试手段单一上。在教材方面，笔译教材建设明显滞后，难以满足和适应当今社会对翻译的要求。在教学方法方面，大部分高校笔译课堂仍遵循传统的教学方法，即教师讲解—学生练习—教师批改—课堂讲评。教师往往将一本出版物指定为教材，辅以自选材料或翻译练习。在测试手段上，无论是测试题型、考试内容，还是评分方式都呈现出单一性，这也不能客观地考评学生的真实翻译水平和能力。

教学互动不足。传统笔译课堂的社会界限明确，教师是课堂的指挥者和操纵者，而学生只是被动的参与者和知识接受者。在这种角色模式中，作为学生学习活动的唯一评判者，教师自始至终占据着主导地位。学生间、师生间的互动通常是在完成练习之后，由教师进行讲评。这使得学生之间很难进行适时的交流和互相学习，教师也无法了解学生在表达过程中遇到的困难，并为学生提供适时的帮助。

二、信息技术环境下英语专业笔译教学模式的构建

树立正确的教学目标。杨柳认为，信息素养应是信息化翻译教学的终极目标。所谓信息素养，是运用现代信息技术检索、分析、选择、加工、利用、创造和传递翻译信息，提高翻译能力，解决翻译实际问题，从而提高个人素养的能力。

PACTE 研究组成员埃里森·必比（Allison Beeby）提出了在翻译教学中发展翻译能力的四个主要目标，即培养学生的转换能力、培养学生的语言对比能力、培养学生的语篇对比能力、培养学生的非语言能力。冯全功则认为，翻译能力是一个动态发展的概念，并提出了职业能力的概念。他认为，职业翻译能力由历时翻译能力和共时翻译能力两部分组成。其中历时翻译能力是基础性组成部分，具体包括双语知识、文化知识、风格知识和认知能力；而共时翻译能力则是区别性组成部分，主要是指在新的社会翻译环境中职业译者需要掌握的能力或必备的素养，如专业领域知识、职业知识、实用翻译理论（技巧）知识、

翻译工具（软件）运用能力、信息检索能力、文献编辑能力、基本管理能力、自我评估能力、快速学习能力、团队合作精神、生理—心理承受能力等。基拉利（Kiraly）认为，翻译能力是指一种“复杂、高度个体化、社会化的进程，由文化、认知以及直觉相互作用形成”。因而，除了基本的翻译技能，信息化笔译教学还应注重发展学生的学习能力和学习主体性。具体来说，应以培养学生运用现代信息技术检索、分析、选择、存储、利用、创造和传递翻译信息，解决翻译实际问题的能力为教学目标。

师生互动、生生互动、人机互动的多维教学环境。杨柳曾指出，以现代信息技术为支持的多媒体教室、校园局域网或互联网等教学环境具有开放、虚拟和跨越时空的特征，可使丰富的教学资源立体、生动地展现给学生，创设仿真社会情景，并将师生互动、生生互动延伸至课堂之外。

不同于传统翻译教学模式，信息化笔译教学模式的显著特征之一是创造信息化教学环境，并强调学习的群体性和交互性。信息技术的应用有利于形成交互的学习气氛，从而实现教师与学生、学生与学生，及人机之间的信息交流。一方面，在信息技术的支持下，教师可以充分发挥教具的优势，直观、生动地展示和讲解课堂内容；可以随时进入交流平台，关注学生的整个翻译过程，有目的地引导交流活动，并对学生在翻译过程中遇到的问题和困难给予及时的帮助指导；可以随时调出学生的译文进行交流、展示，使学生获得成功的体验，并激发其学习动机。另一方面，网络环境的自主、互动式学习氛围实现了学生间的互动，学生可以在网上进行交叉式和自由式的交流合作，如相互发送邮件、聊天，可以在对方允许的条件下相互调看作业。因为每位学生的认知结构和认知水平不同，学生间的合作互动既能实现相互启发、相互补充，减少学习中的困难，又能增加人际情感交流，激发学生的学习兴趣。可见，信息化笔译教学模式使学生在多媒体的帮助下成为一个或若干个翻译群体，有助于学生翻译知识和技巧的内化，既能有效地激发学生学习翻译的兴趣和潜力，又能使学生更深刻地融入到翻译实践中，并真正地提升其翻译实践能力。

教学内容的转变。知名翻译学者道格拉斯·罗宾逊（Douglas Robunson）

形象地把当代译者比作电子人，强调今天的翻译无法脱离电脑及网络。因此，除了传统的教学内容，教师还应使学生熟练地掌握机器翻译软件和网站系统（计算机辅助翻译，CAT）。与传统的纸质翻译工具相比，翻译软件的自学、记忆功能，以及强大的语料库功能都是翻译软件不可比拟的优势。如国内的金山词霸和金山快译、雅信 CATS、中国在线翻译网、华建翻译网、国外的 Babylon Pro 翻译家、Web Translator 网页翻译家、Magic Translator 翻译魔法师等翻译软件和网络。同时，双语平行语料库和检索工具也是翻译实践中的重要工作平台。它们不仅为某一检索词或短语以及常用结构提供了丰富的双语对译样例，还提供了丰富的可随机提取的一本多译的对照参考。与传统教科书和工具书相比，平行语料库的语料内容广、语料新、语境丰富，检索功能强大，有助于揭示双语转换复杂而丰富的对应关系，从而能锻炼学生的语言表达能力，促进其语言学习的内化。

因此，在翻译教学活动中，教师应鼓励学生利用机器翻译软件、机器翻译网站、双语平行语料库等工具进行自主学习，向学生介绍如何利用网络资源开展笔译前的背景知识检索和语用实例、双语词汇收集工作，也可引导学生在课下利用网络搜寻与学习内容相关的翻译材料，进行英汉互译，并组织相互交流与评价。这不仅能增强教学内容的丰富性和趣味性，还可达到提高教学效率和教学水平的目的，也为学生未来参与真正的翻译实践活动做好准备。

教学方式从以教师为中心转向以学生为中心。从教师中心向学生中心转变是翻译教学的发展趋势之一，而信息技术的发展则加速了这一发展趋势，从而逐渐构建出“教师主导—学生主体”的新型教与学方式。在信息化笔译教学模式中，教师由知识的单向传授者和学生表现的唯一评判者转变为学习过程的设计者、协作者、参与者和诊断者，其主导作用主要体现在分析教学需求、确定教学目标、创设教学情境、学生分组、课堂讲授、总结评析中，从而能有效激发学生的学习动机，进行自主、协作、探究式的学习。传统笔译课堂教学受学习时间、学习空间、学习资源等诸多因素的限制，学生缺乏学习自主权。而基于计算机和多媒体网络的笔译教学却以信息资源库和虚拟化教学环境为依托，具有信息丰富、时空灵活、覆盖面广、信息可保存等显著特点。

因而，自主学习成为了信息化笔译教学模式的重要组成部分。教师在利用现代信息化手段设计教学资源、任务和环境等教学要素时，应注重培养学生的自主学习能力。自主学习具有学习内容的可选择性、学习方法的多元性、学习资源的丰富性等特点，它在调动学生的学习主动性以及挖掘和发挥学生潜能方面具有明显优势。但同时还需认识到，自主学习与课堂教学并不矛盾，它既是现代课堂学习的一种形式，又是课堂教学的必要补充。学生在自主学习中具有选择学习内容的自主权，但这并不意味着选择的随意性，学习内容应服务于学习目标的实现，要在教师的指导和建议下进行。这一新型教学模式对教师素质的要求也相应地提高了。教师不仅要具备较高的专业翻译知识和技能，还要精通信息技术的运用，更需要吸收现代教育的新理念。

教学测评。作为检验教学质量的重要途径，测试是教学过程的有机组成部分。传统笔译测试方法采用单一的汉译英、英译汉的测试，无法真实、全面地反映整个教学过程和效果。这种翻译评价往往受诸多译文以外因素的影响，如教师的主观判断、经验水平、态度、心情、疲劳程度及时间限制等。然而，以信息网络技术为依托的翻译测评则可在一定程度上消除了翻译反馈主观性强的弊端。穆雷曾指出，科学的翻译测试特征之一是合理评分，尽量使用机辅评分系统。

除译文测评外，网络还可以被用于学习过程的评价，改变传统的单一终结性教学评价体系，促进形成性考核机制的建立和实施。形成性评价，是依据学生课内外学习活动记录进行的分析，包括自评、学生互评、教师评价和小组评价等。由于网络能提供各种智能化的评价方式，学生可随时检测自己的学习情况，教师也能更直观、系统地记录每位学生课内外的翻译学习行为，包括自学、自测、译文发布、讨论、修改、学习进步和困难等，形成学生的个人学习档案。可见，网络环境下的检测不仅能由学生自己掌握，消除其考试焦虑，而且网络检测的非人性化特征还避免了教师评价的主观性。

在 21 世纪这个高度信息化的时代，笔译无论是在翻译内容，还是在翻译过程和翻译方法上都不可避免地采用了信息科学和信息技术。信息技术环境下的笔译教学模式的构建不仅实现了现代教学所倡导的以学生为中心，提高学生自主学习能力的教学理念的转变，还为学生营造了更为自由的学习氛围和发展空间，同时也为教师的个性化教学提供了极大的支持。总的来说，在信息化笔译教学模式下，学生通过计算机网络和经多媒体技术处理的信息资源库，建立自己的学习平台，在教师的指导下完成学习任务，扩展知识结构。这一自主、互动的教学模式不仅能激发学生的学习主动性，还有利于培养他们主动获取信息和分析问题、解决问题的能力，从而培养出真正适应信息化社会的高层次、应用型、职业化的笔译人才。

第四节　基于现代信息技术的大学英语“多元互动”教学模式

在世界经济一体化的时代背景下，我国在贸易、经济和政治方面与国际日益接轨。目前，我国社会迫切需要具有高素质和高水准的综合性人才，培养学生的外语运用能力成为高职院校的关键任务。教学大纲对英语课堂教学提出了新的要求，教师需将学生语言综合运用能力的培养作为首要的教学目标。若要加强对学生英语应用能力的培养，教师需转变教学观念，从传统的“以教师为中心”转变为“以学生为中心”，将学生作为教学主体，构建起“多元互动”的英语教学模式。

一、大学英语教学模式的“多元互动”性原则

（一）主体性原则

“多元互动”教学模式是师生之间建立的相互作用关系，在此教学模式之下，教学与学生均为课堂的主体，其中教师为课堂中教的主体，而学生则为学的主体。多元互动式教学模式将教师与学生并列为教学课堂的主体，在强调学生主体作用的同时也提到了教师的主导作用。教师作为教学实践中的一员，需

最大化地发挥英语教学内的各项要素的作用，认识学生的个体化特征，充分培养学生的思维能力和创造能力。

（二）互动性原则

互动可分为显性互动和隐性互动，其中隐性互动又可细分为多种互动。在英语教学过程中，各种教学互动形式都是有所关联的。教学组织形式、教学方法、教学内容和教学手段在多元互动教学模式中融为一体，使抽象的英语教学思想转化为可操作的具体教学策略，使学生能够不断地适应、感受、判断和实践自己的学习行为，最终实现英语教学课堂的多元互动模式。

（三）创新性原则

探究精神是引导学生进行思考和创新的前提，学生对知识进行探究时，能逐步完成参与、思考、实践和启发的学习过程。在探究精神的引导下，学生的判断思维能力和创新思维能力得到提升，促使学生在英语学习过程中不断超越自我，以获得更强的英语综合运用能力。多元互动教学模式倡导学生进行创新，为提高大学英语课堂教学效果做出贡献。

（四）多层性原则

多层性原则不单局限于教师与学生之间，还表现在学生与教学信息、教学内容和教学结构方面。在多元互动教学模式中，学生的学习过程并不是单向的认知过程，而是一种学生、教师、设备之间的多向互动行为。多层性的多元互动教学模式以网络为基础，尊重学生的个体化发展，根据因材施教原则满足不同知识层次的学生需求，使每位学生能够积极地参与到多元互动教学模式中。

二、“多元互动”式教学模式的构建

（一）课堂教学模式为主

从国内目前的教育形式来看，课堂教育仍然是主流授课形式，因此，即使在现代信息技术的冲击下，教师也不可忽视课堂教育的重要作用。若要取得更高的英语教学效率，教师就必须充分利用好课堂教学，为学生提供良好的学习交流场所，发挥互动式教学课堂的优势。在以自身为主导的前提下，教师可借助现代信息技术设施进行有针对性的任务布置。例如授课前在校内贴上发布与课程相关的内容，使学生能够通过自己的思考和实践来完成教学任务，有利于提高学生的知识创新能力和独立思考能力，充分激发学生的主观能动性。教师要合理地运用现代信息技术，开展小组讨论、集体谈话、案例讨论、角色扮演和自由谈话等教学活动，实现教师与学生、学生与知识、教师与知识等多方面的互动。使用多元互动教学模式能够有效地激发学生对英语的学习兴趣，锻炼学生的独立思考能力、问题解决能力和语言运用能力，让学生在教师的引导下成为课堂的主人。

（二）现代信息技术为辅

现代信息技术的使用在很大程度上丰富了英语课堂教学形式，并激发了学生对英语的学习兴趣。交互功能的广泛使用让师生之间的沟通方式得以扩展，同时也实现了同步和异步交流，提升了师生的信息控制能力，为英语教学课堂提供了多种学习情景，具有多元化、多样化和主动化的功能特点。学生在学校提供的学习平台中，运用现有场所、资源和设备，在自身认知的基础之上实现个人英语知识体系的构建。在现代信息设备的帮助下，学生可自主地开展学习任务，英语教学不再局限于传统意义的课堂教学，而是在课堂教学的基础上不断引伸的加强，实现学生个性化学习。教师和学生在此教学模式下，不再局限于场所、时间和引导者，可通过网页留言、聊天软件、校内网站和网络论坛等方式来进行自由化的沟通。多元互动的教育模式充分激发了学生对学习的学习兴趣，为教师和学生提供了良好的教学平台，在很大程度上弥补了传统课堂教育的不足，为大学英语的教学提供了立体化的教学平台。

（三）课堂教学与现代信息技术的相辅相成

英语教学的主要平台是课堂教育，其是实现英语知识传授的主要途径，在网络环境下，教师可采用针对性的教育辅助课堂进行教学，通过第二教学课堂的开展实现英语教学活动的多元互动性。课外活动的开展可使学生对课堂所学知识进行巩固，为学生提供可实践和运用所学知识的机会。此外，课外活动的氛围不同于教学课堂，相对轻松的环境能够让学生自由地发挥自身的协作、交际和综合运用能力，在学生英语知识体系的构建上具有积极的意义。教师可辅助学生成立英语学习小组，鼓励学生积极参与，定时举办英语辩论赛、英语写作评比和英语电影赏析活动，让学生能够拥有自由发挥的英语交际平台。通过多元互动教学模式的实施，引导学生自主学习英语，充分激发学生对英语的学习兴趣。外语教学的主要目标是学生的“学”，而非教师的“教”。教师在英语教学过程中需充分激发学生的主观能动性，引导学生最大程度地参与到英语课堂教学中。

在新兴技术发展背景下，传统英语教学课堂已经在教学空间、教学手段、教学时间、教学内容和教学方式方面发生了较大改变，原本冗长、单调的英语课堂教育在现代化教学设备的帮助下得以改善，强化了学生对英语知识的学习，促使学生参与到英语课堂教育中去，在很大程度上提高了英语教学质量。

第五节　基于现代信息技术的大学英语自主学习教学模式

新的教学模式应以现代信息技术，特别是网络技术为支撑，使英语的教与学可以在一定程度上不受时间和地点的限制，朝着个性化和自主学习的方向发展。同时也指出，教学模式改革的目的之一是促进学生个性化学习方法的形成和学生自主学习能力的发展。随着我国高等教育的发展及大学英语教学改革的深入，各所高校根据非英语专业学生的实际情况，相应地采用了不同的切合本校学生实际的科学、系统及个性化的大学英语教学模式，并在实践中不断探索和完善。

从 2007 年 9 月开始，学院根据《大学英语课程教学要求》，在非英语专业学生的大学英语教学中，依托《大学体验英语》这一立体化教材，全面实行了基于现代信息技术的大学英语自主学习教学模式，充分体现出了《大学英语课程教学要求》提出的课程设计的个性化及教学模式的网络化。

一、基于现代信息技术的大学英语自主学习教学模式的理论基础

基于现代信息技术的大学英语自主学习教学模式的理论基础是瑞士心理学家皮亚杰奠基的建构主义学习理论。该理论对基于现代信息技术的大学英语教学具有极大影响。在学习方法上，建构主义理论倡导教师指导下的以学习者为中心的学习，强调学习者的认知主体作用，同时也不能忽视教师的指导作用。该理论“强调以学生为中心，不仅要求学生由外部刺激的被动接受者和知识的灌输对象转变为信息加工的主体、知识意义的主动建构者，而且还要求教师要由知识的传授者、灌输者转变为学生主动建构意义的帮助者、促进者。这就意味着教师应当在教学过程中采用全新的教学模式、全新的教学方法和全新的教学设计思想。”以学生为中心的实质就是提倡学生自主学习，而基于现代信息技术的大学英语自主学习教学模式正是建构主义学习理论和自主学习策略相结合的充分体现。

王笃勤认为，课堂教学有其自身的局限性，大学英语教学“更多的是依靠学生课下自主学习的开展。学生的个性差别也要求学生根据自己的具体情况开展听、说、读、写、译的相应训练。”他还指出，“自主学习能力的培养一般是采取策略培养的模式，自主学习能力的培养由认知策略的培养和元认知策略的培养两部分组成。通过认知策略的培养，学生可以了解并掌握各种学习策略技巧，如听的技巧、交际策略、阅读策略、写作技巧、翻译技巧和解题技巧；通过元认知策略的培养，学生可以养成制定学习计划、选择学习方式、安排学习任务、监控学习过程、评估任务完成情况的习惯，从而使学生一步步走向自主”。

基于现代信息技术的大学英语自主学习教学模式以网络为支撑，能够充分体现学习者的主体地位，以自主、自发、独立学习为主，是大学英语课堂的外延，也是课堂教学的必要补充。该教学模式在教学和学习过程中能有效地调动学习者的积极性、主动性和创造性，更加高效地实现大学英语的教学目标。

二、基于现代信息技术的大学英语自主学习教学模式的构建

黑龙江科技学院实行的基于现代信息技术的大学英语自主学习教学模式是一种课堂教学 + 学生网络自学的模式，这种模式包括课堂教学、网络自学和课外活动。课堂教学中，教师充分发挥自身的主导作用，利用课堂教学所用的教材，引导学生掌握听、说、读、写、译的基本知识和技能，体现学生的主体作用，使课堂成为学生展示自己语言才能的舞台。网络自学中，充分利用多媒体和网络技术，打破传统课堂在时间和空间上的局限，使英语教学和英语学习朝着个性化、自主式、自我建构式学习的方向发展，给学生创造自主学习环境，培养学生的自主学习能力。课外活动主要指与大学英语相关的课外素质教育活动，如英语角、各种英语技能比赛等，让学生在实践中检验自己的英语综合应用能力。

基于现代信息技术的大学英语自主学习教学模式的硬件基础是学校拥有计算机网络系统和计算机网络教室并配有专业的计算机管理人员。学校在 2005 年 6 月引进了《大学体验英语》全新立体化系列教材的网络学习系统，并对教师和学生分别进行了课程管理和课程学习的培训，为学生完成网络自学课程的学习奠定了基础。《大学体验英语》是高等教育出版社设计开发的立体式系列教程，倡导基于计算机 / 网络 + 课堂教学的新型教学模式，充分注重课堂教学与课外自主学习的结合，使课堂教学内容在课外得以延展。该系列教材中的大学英语学习系统、多媒体学习课件等为英语教学网络化及教学手段的现代化提供了立体、互动的英语教学环境。多媒体课件提供了中外教师的双语课堂讲解、难点解析、跟读与交互训练，可供学生自主学习；网络自主学习系统可供学生学习、训练、测试，自动形成监测记录。

在实施基于现代信息技术的大学英语自主学习教学模式改革实践中，学院施行了分层次教学，为二本和三本学生分别配置了不同的课堂教材，网络自学课程内容虽然相同，但对网络自学级别的分配设置了不同的要求。在学时分配上，课堂教学为每周每班四学时，网络自学每周每班二学时。在学生课程成绩

评定上，采取形成性评估和终结性评估相结合的方式，将网络课程的成绩纳入到形成性评估中。

三、基于现代信息技术的大学英语自主学习教学模式实践

黑龙江科技学院自 2007 级非英语专业学生开始，大学英语课程的教学采用了基于现代信息技术的大学英语自主学习教学模式，具体的教学流程如下：

课堂教学。传统课堂教学面授有其自身的优势和必要性，因此，学院重视课堂教学环节，推广、实施以学生为中心的主题教学模式。无论二本还是三本学生，课堂教学所用的教材均为国家规划教材，课本每一单元的听、说、读、写、译各项技能的培养与训练都围绕同一交际主题展开。教师充分发挥主导作用，要求学生对每一单元的主题进行预习并借助图书馆及网络查找资料，在课堂上引导学生对相关话题按听、说、读、写、译分项技能进行研讨，为学生提供自我展示、畅谈主题、语篇分析、模拟练习及技能训练的机会，并及时对学生进行评价，为学生答疑解惑，培养学生的英语综合运用能力。

网络自学。大学体验英语学习系统设计人性化，让学生通过人机互动，达到有话想说、有话会说的目的，激发学生自主学习的兴趣，满足其个性化学习的需求，培养学生的听说能力。学生的网络自学与课堂教学一样排入课表，在学生第一次进行网络课程学习之前，由任课教师在主控机内输入学生的个人信息和卡号，进而自动生成学生个性化密码，为进入学习系统做好准备。学生进入学习系统的第一步是进行基本能力的初始测试，测试成绩达到及格标准，将自动越过 0 级学习课程进入一级学习课程，不合格将自动进入 0 级课程进行学习。课程分为 0~6 级，学生自主掌握学习进程，每学期基本能完成 1~1.5 个级别的学习内容，学习时间、进度和网络自学的成绩也由系统自动记录。

课外素质教育活动。该活动是学生进行课外自主学习的一种表现，每学期组织学生想参加英语角或无线耳机听说，及各种不同内容、不同形式的相关的英语竞赛活动，由教师对学生的参与情况做出及时、准确的评价和记录。

课程评价。学生的大学英语课程成绩由形成性评价和终结性评价组成。形

成性评价和终结性评价分别占有的成绩比例根据每学期的具体情况来进行调整，现以黑龙江科技学院的大学英语成绩评定方案为例，学生的期末成绩由形成性评价成绩、终结性评价成绩和素质教育活动加分组成，采用百分制。形成性评价占 50%，采用课内外考评相结合的形式。其中学生课内教学活动占 20%，分别由出勤表现（5%）、口语表现（10%）、平时测试（5%）组成。学生课外教学活动占 30%，分别由作业（5%）、网络自学（10%）、学期大作文（10%）、英语角（5%）组成。在形成性评价中，口语表现 10 分，由学生个人日常口语表现 4 分 + 团队口语表演 6 分组成；平时测试 5 分，由各教研室根据不同教材分层次确定考核内容随堂进行，本学期进行 2 次；作业 5 分，由各教研室根据不同教材、不同授课对象按听说读写分项进行，要求教师全批并讲解；学期大作文 10 分，该作业在学期最后一次课前上交，课程结束前 2~3 周时，教师根据每个单元的写作教学内容，向全班学生分组布置不同的题目，学生通过课外查阅资料，在课外完成；网络自学成绩 10 分，执行网络教学设计小组制订的考核方案，按学生的起始级别、学习进度及网络学习系统给出的听说综合成绩计分；英语角则根据学生参加英语角的表现加分。终结性评价占 50%，对学生进行期末测试，分层次按教材出题，试题由主观题和客观题两部分构成，题型为听力、阅读和翻译；素质教育活动加分，由教研室根据本学期教学活动的层次和比例来计算。

几年来的基于现代信息技术的大学英语自主学习教学模式的实践表明，该模式具有教学效率高、信息输入量大、能实时评价等优势，实现了培养学生的英语综合应用能力，特别是增强学生听说能力及自主学习能力，提高学生综合文化素养的大学英语教学目标，具有可行性和有效性。该模式将课堂教学和网络自主学习结合起来，教师在课堂上激励学生信心、指导学生学习策略、检查学生学习效果、管理组织学生，网络学习系统则赋予学生学习自主权，实现个性化教学及个性化学习，培养学生多方位学习和终身学习的能力。从学生和教师的反馈来看，无论学生还是教师都认为这种模式激发了学生语言学习的兴趣，使学生自觉学习、自愿学习的主观能动性得到充分发挥，使大学英语教学多年来的哑巴英语现象逐渐发生改变，达到了语言学习的实用性目的。网络学习系统对学生的学习进行即时评价，学生很有成就感，激发了他们的学习动力和进取心。从学生的学习成绩来看，学生的口语成绩和课程成绩均有大幅度提高，一次性及格率提高明显。在基于现代信息技术的大学英语自主学习教学模式的操作中，需要注意的是，该模式是将课堂教学和网络自学相结合，二者不能相互取代，而是要优势互补，以学生为中心的自主学习也绝不是让学生完全自由活动，而是在教师指导下的自主学习课堂，教师要肩负的是指导、监控、评价的职责，需要不断地更新教学理念，进行理论与技术培训，提高自身素质。

基于现代信息技术的大学英语自主学习教学模式还处于实践探索阶段，仍有许多问题需要探究，如教师如何更好地对学生进行自主学习策略指导，形成评估中网络自学成绩的合理比例，开发设计多教材、多版本的网络学习系统，使学生能广泛地选择适合自己的网络个性化自主学习等。随着教学改革实践的不断深入，基于现代信息技术的大学英语自主学习教学模式必将逐步得到完善，从而对更加高效地实现大学英语教学目标，优化英语教学，促进学生个性化学习方法的形成和对学生自主学习能力的发展起到积极的推动作用。

第六节　网络信息技术背景下大学英语阅读教学新模式

大学英语教学作为高等教育的一个有机组成部分，对培养学生全面发展，提升学生能力，适应国家社会发展和促进国际交流起着重要的作用。阅读是大学英语教学中的一个重要环节，然而传统的阅读教学已不能满足时代发展和学生自身需求。在网络信息技术日新月异的今天，如何积极地进行创新，真正地激发学生学习英语的兴趣，提升学生的英语阅读能力及其他能力成了广大英语教师所关心的问题。

一、阅读教学的重要性及传统阅读教学的问题

在英语学习的四种基本技能（听、说、读、写）中，阅读占据着重要的地位。在语言习得过程中，阅读和听力属于语言输入，会话和写作属于语言输出。

要想获得满意的语言输出就必须要有丰富、优质的语言输入。大学英语阅读教学是大学英语教学中的一个重要的组成部分。它有助于提升学生的听说、写作、翻译等能力，也有助于拓宽学生的知识面，使学生了解中西文化的差异，提高学生的交往能力。因此，要想提升学生的听说和写作能力，就必须改善和提高阅读教学。

然而传统的大学英语阅读教学以教师讲授为主，教学内容单一，信息陈旧，教学方法一成不变—（每堂课上教师都习惯从字词句开始带领学生进行语言，语法知识点和篇章结构的讲解和梳理）导致学生上课缺乏主动性，没有使学生形成自主学习的意识和良好的阅读习惯。

二、网络信息技术给大学英语阅读课带来的机遇和挑战

随着经济社会的飞速发展，现代科学技术取得了突飞猛进的进步。诞生于20世纪50年代的计算机网络系统对人类社会生活的方方面面和各行各业都产生了深刻的影响并给人们带来了诸多好处。其中对高等教育的渗透，给高等教育的发展带来了机遇和挑战。

网络信息技术对高等教育的影响包括：

（1）网络信息技术为高等教育提供了新的教育手段和技术；（2）网络信息技术使教师的角色发生了转变—教师从文化知识的传授者和教育教学的管理者转变成了知识体系的建构者和人际关系的艺术家；（3）网络信息技术使高等教育的方式和方法发生了根本性的改变。它使传统的灌输式和被动式教育方式转变为兼有自主性和灵活性的教学方式，突破了时间和空间的限制；（4）网络信息技术使办学方式从单一的全日制教育向多层次、多形式、多规格的教育转变；（5）网络信息技术为学生提供了丰富和多元化的信息，能激发学生对现代科学的学习兴趣，帮助学生拓宽知识面，提高学生专业素质；（6）网络信息技术能培养学生的自我精神，发展学生的个性，使学生能自我完善和自我提高。

此外，网络信息技术还具有资源丰富、互动参与性强、传播路径多元化、传播模式多样化等特点（陈君均，2019）。这些特点势必会对大学教育的课堂教学模式、教学手段、教学主体、教学资源等方面产生深远的影响（李逢庆，桑新民，2017）。

三、大学英语阅读课的新教学模式探讨

（一）教学内容的转变

以往的大学英语教学，都围绕着学校所订的教材进行。由于一些客观因素所致（如经费短缺、教师不想重新备课等），一套教材使用多年，因其内容陈旧，与时代脱节，学生学起来如同嚼蜡，毫无兴趣可言。但新兴的网络信息技术手段在日常教学中介入，教师可根据教材单元话题，从互联网或其他移动媒体终端（如 China Daily 的手机双语报和微信中的 China Daily App 等），有的放矢地寻找和整理契合学生英语水平的阅读材料，从而丰富课堂内容，提高学生的学习兴趣。

（二）教学方式的转变

传统的英语阅读教学过多地关注教师的课堂讲授，学生只需要带着课本和耳朵来上课就行。教学内容的按部就班，使课堂教学失去了活力和吸引力，学生失去了学习兴趣和自主学习的能力。

伴随着网络信息技术的日新月异，新的教学方式和手段也在不断涌现，其中最具代表性的就是微课、翻转课堂和慕课。

微课，顾名思义就是微型课程，它是一种以互联网为基础，融合了传统的教学模式的新型教学模式。它是以微型教学视频为主要载体，针对某个学科的知识点（如重点、难点、疑点、考点等）或教学环节（如学习活动、主题、实验、任务等）而设计开发的一种情景化，支持多种学习方式的在线视频课程资源。它有三种类型：Picture story（PPT 式微课）、Lecture record（实录式微课）及 Screen capture（利用录屏软件和先进的演示文稿软件录制讲授、讲解过程）（闫

姿颖，2019）。由于其课程时间较短、内容丰富、传播便捷、课程可反复观看，深受教师和学生的喜爱。

翻转课堂（Flipped Classroom）是一种颠覆了传统教学理念的新的教学模式。它采用“先学后教”的教学步骤，教师在课前采用录制小视频的方式，把教学的目标、重难点和相应的知识点等内容展现给学生，让学生在课前进行自主学习。在课上，教师组织学生进行讨论和交流来答疑解惑，帮助学生掌握知识。翻转课堂注重培养学生的学习主动性，有利于调动学生的学习积极性，它颠覆了教师在课堂当中的主体地位，让学生真正成为课堂的参与者和建设者，有利于实现师生之间的真正互动，达到良好的教学效果。

慕课 MOOC（Massive Open Online Course）是一种免费向大众开放的网络课程，是由加拿大教育学家 George Siemens 和 Stephen Downes 在 2008 年秋季首创的。它具有规模大、无边界、开放性、成本低和易获取知识的优点，因而受到世界各地学习者的追捧。2013 年慕课在中国出现了繁荣发展的局面，中国的许多知名大学，如北大、清华、复旦等都陆续开发并上线了许多网络课程。慕课教学体现出个性化。课前，教师把课程内容和资源进行整合，对教学当中的基本知识点、基本技能、重难点进行合理的安排，抽取部分内容，制作成小视频，发布到网上，让学生在课前对知识进行熟悉和了解，从而为课上的进一步讨论做准备。在课堂教学中，教师变成了课堂的组织者、引导者和学生思想的启发者（杨娟，徐琳，2018）。

（三）教学主体的改变

教师不再是学生获取知识的唯一来源，也不再是课堂教学的主导者。采用微课、翻转课堂或慕课的教学方式，势必会削弱教师以往的主体地位，使学生在课前就融入到教学中，发挥自己的主观能动性，进行积极的学习。教师则变成了课堂教学中的引导者和辅助者。

（四）教学评价方式的转变

网络信息技术对教学的渗透使教师可采用多种方式来评价学生，对学生英语能力进行较为全面的认识。教师可在课前的自主学习、课上的讨论等环节，以及课后的知识巩固和拓展活动中对学生进行评价。评价不再局限于一张试卷成绩，它可以是多样的、动态的、不受时间和空间限制的。

网络信息技术的飞速发展给大学英语阅读课注入了活力。新型教学方式的涌现（如微课、翻转课堂和慕课等），给大学英语课带来了生机。大学英语教师应转变观念，勇于接受科技发展给教育带来的机遇和挑战，结合学生特点采用不同的教学方式来帮助学生真正地提高他们的英语阅读能力及英语水平。

第七节　信息技术环境下大学英语视听说混合学习模式

美国作为信息技术和教育发达的国家，中小学网络化的普及程度早就在2001年达到了99%，它在这方面的研究相当丰富，美国教育部门已在各级学校进行和实践了多种新型的教学模式，如基于问题的学习模式、基于项目的学习模式、基于资源的学习等，很多学者如罗布耶（Roblyer）、格雷戈·巴纳姆（Graig Barnum）和威廉·帕尔曼（William Paarmann）等提出并研究了具体的整合教学模式和效果，为语言教学提供了很好的参考。在国内，蒋学清、张红玲等提出了整合信息技术的外语教学的基本模型。因此，通过留学研究和学习发达国家此方向最先进的理论和实践知识，无疑是非常有意义的。

一、影响大学英语听说教学效果的因素

缺乏真实的英语学习和使用环境。大多中国学生可以看懂句式复杂的文章，写出结构完整的短文，在题型多样的听力理解考试中也可以取得很好的成绩，但在日常生活中与英语母语者交流却遇到阻力，甚至连诸如询价、指路等最基本的日常生活用语都无法清楚表达。究其原因是课堂中创造出的模拟语言环境，是教师根据教学大纲及教学内容，有目的地加工、提炼而成的。由于时间、课型及人数等因素的限制，课堂中无法将日常生活中遇到的每个真实语境完整呈现出来。多数学生除了有限的课堂学习外，很少在日常生活中接触和使用英语。多媒体网络课堂及语言实验室虽然能在一定程度上带给学习者真实的语言环

境，但因受时间及地点的限制，无法提供及时（just-in-time）学习的环境。

评价体系需要多元化，具体包括以下方面：

评价主体的多元化。根据建构主义理念，学生不是外部刺激的被动接受者而应该是知识意义的主动建构者；教师不是知识的灌输者而应该是学生主动建构知识意义的帮助者。学生应自我监督、自我测试、自我反思以检查、了解自己建构新知识的过程及成效，从而随时改进学习策略，达到最终的学习目标。

评价方式的多元化。传统的大学英语评价方式缺少主观性和灵活性，过度重视以标准化试题为主的结果评定，这使得学生过于注重以基础知识为主的考试成绩而忽视实际运用语言的能力，不能很好地调动学生参与评价的积极性，也不利于学生的个性化发展。

评价标准的多元化。听说能力固有的特殊属性，使其在实际评价中很难定量评价。在听说教学中，只针对学生所获得的知识、技能、能力等方面的评价标准已无法照顾到学生的个体差异，也无法帮助学生充分挖掘和展示其个人潜能。

学生缺乏参与度及自主能力。信息技术为自主学习提供了自然环境，增强了学生的学习动机。但是，过量的学习资源可能对于那些缺乏自我调控的学习者来说并不是一件有益的事情，网络学习环境的特征往往会使学习者迷航（Begoray，1990）。成功的网络自主学习需要具备自我调控和元认知能力。在以教师为中心的大学英语听说教学课堂中，教师和学生都缺乏自主性，不利于学生自主学习的发展。

二、在信息技术环境下建构大学英语听说课程混合式教学

利用“理工在线英语”网络平台及资源，为学生提供及时学习的空间。

本校“理工在线英语”网络学习和管理平台的建设与使用，将课内、课外打通，在最大限度地降低模拟环境的负面影响的同时，也为学生提供随时随地学习的环境。当学习者处于不同情境中产生学习的需求时，可以通过无线通信

技术与“理工在线英语”网络相连来查询相关的信息。这种以网络为平台的情境学习（Situated Learning）和学习共同体（Learning Community）的创建，使语言学习不再是一门孤立的课程，真正成为一种社会活动。

利用英语实验口语网络平台实现课堂教学。我校结合本校大学英语教学实际情况，通过口语实验网络平台，实现将传统的口语课堂活动和创新性的“网络语言实验”活动相结合，设立了大学英语口语实验课程。笔者有幸参与了该课程的教学。

该课程课上以学生熟悉的实验模式进行分组教学，课下要求学生以真实语境为前提进行口语训练，并录制即时音、视频并上传到网络平台。在教学中，特别注重对学生学习过程与成果的收集、保存与及时反馈，有效地记录学生实验活动，做到听说两种技能有机地结合。

考虑到学生的智能差异全面发展的需求，该课程的评价内容不仅注重学生所掌握基础知识，而且包括对学生综合能力和素质的评价，即学生英语学习态度、学习策略、习惯、自主能力等。此外，在评价环节还提高了学生参与度，采用师评、自评和互评三方结合的模式。这样做，一是使评价更加客观、具体，二是使学生实现横纵对比。所谓横向对比，即学生通过自评对自己的进步和提高程度内省；所谓纵向对比，即通过互评了解其他学生的情况。所有的任务和评价内容，音、视频，文字都有记录，在任何时间都可被调取比较，方便教师和学生掌握进步情况，进行评价。通过教师评价与学生自评和互评，了解学生的语言掌握情况、学习进程、完成学习任务的情况以及存在的问题，发挥学生学习的主动性，培养学生自主学习的能力，提高教师教学管理水平。

研发可输入性个人词典，提高学生参与度。现有网络词典均为软件公司统一定制、编写的。为满足学生个性化英语学习的需求，笔者所在课题组设计并研发了一款可输入的开放式个人词典。词典使用者可以根据自己的英语学习及教学的历程自主创建、编辑或组织词条，修改对单个单词的注释，也可以加入备注、检索，链接以及网络共享。可以让学生充分发挥创造力，从被动的知识接受者转变为主动的知识创造者，从而提高学生的参与度及自主能力。

合理利用信息技术来辅助大学英语听说教学既符合语言习得规律，又顺应时代发展潮流，并能有效地提高学生英语听说的兴趣和效率。同时教师也应该意识到只有在精心准备和选择下，与课堂教学合理、有效地结合，网络资源才能更好地服务于大学英语听说教学。

第五章　教育信息化背景下大学英语智慧教育研究

第一节　智慧测试与大学英语个性化教学

人类的科学追求和技术进步都是为了人类在物质和精神上实现个性化的最大满足。人类文明薪火的传递和进步依赖教育，如何满足个性化需求、挖掘个体的潜能为社会服务是教育的终极目标，个性化教育教学是未来教育的基本路径。“所谓个性化教学，就是要充分考虑师生，尤其是学生的个体差异和个性特征，以学习者为主体，以个性化、差异化的教学方法和手段，促进学习者个性化地建构知识、发展能力和锻造品格，帮助他们最终获得自我实现”。就英语学科而言，有效实施个性化教学，尊重学生差异，进行个性化的学、个性化的教、个性化的评价，是英语教学自身完善的内在要求。

一、个性化教学是时代的需要

（一）网络时代的要求

传统的英语教学资源有限，主要是手中的课本，再加上非常有限的图书资料。而在互联网大数据时代，教和学的资源已经是泛在式地存在于我们指尖上，通过网络自助，学生从互联网和学习平台上获得的知识和信息在广度和深度上都大大超过了传统课堂所能传授的信息量，也大大超过了教师个人能力所能传授的知识深度和广度，因此传统教学面临挑战，教师作为知识的传授者的权威性受到了公开的质疑。网络时代给教学对象带来根本性的变化，具体主要表现为：

（1）学生的知识来源不再仅限于课本，知识源的结构呈多元化；

（2）由于个体差异，学生原有知识结构呈多样化；

（3）学生对知识的需求结构呈个性化。

在这种情况下，传统上整齐划一的教学目标、教学内容、教学方法和评价手段等已经越来越不适应新时代的需要，而满足不同的需求，适应学生的个性化发展，成为时代的新需求，同时，网络技术和现代语言教育技术的快速发展也为个性化教学提供强大的技术支撑。

（二）《大学英语教学指南》的要求

针对正在变化的教育现实，教育部高等学校大学外语教学指导委员会 2016 年新制定的《大学英语教学指南》强调了个性化教学的重要性，在《指南》中十二次提到了“个性化”，把大学英语教学目标划分为基础、提高和发展三个阶段，基础阶段是共同要求。基础级别，“重点突出听、说、读、写、译基本技能的培养和语言基本知识的学习”，提高级别，“强调听、说、读、写、译技能的进一步提升，兼顾语法、词汇、篇章、语用等语言知识的进一步巩固、提高和相关知识的进一步扩充”，发展级别“注重学生较高层次语言应用能力的拓展训练，满足具有拔尖创新潜质的高水平学生参与国际学术交流的需要”。提高和发展阶段将更体现个性化需要，鼓励学生个性化的学习，教师个性化的教学，教学大纲和个性化的课程评价，贯彻分类指导、因材施教的原则。

（三）智慧测试的“智慧性”

智慧是指生物所具有的基于神经器官（物质基础）一种高级的综合能力，包含有：感知、知识、记忆、理解、联想、情感、逻辑、辨别、计算、分析、判断、文化、中庸、包容、决定等多种能力。在以互联网＋为主要特征的现代信息技术时代，智慧的内涵得到扩展，常见以“智慧”为修饰语的概念有：智慧城市、智慧旅游、智慧教育平台、智慧社区、智慧农业等。本节所提到的“智慧测试平台”中的“智慧”则上述概念中的“智慧”，是指以人为本（具有人类工程学特征）、依托现代信息技术、智能化的网络管理平台。本校的大学英语智慧测试平台的智慧性首先体现在以下几个方面：

（1）测试样本量大，更能反映知识和能力总体题库是智慧测试平台的一个重要概念，《大学英语教学指南》倡导“在测试形式上，应建设大学英语试题库，并推广基于计算机和网络的测试。”其目的也是要扩展样本的量，避免“一锤定音”。

（2）测试形式多样化，更贴近教学实际。在形式上，有语言知识和技能的综合测试和单项测试，也有以时间划段的每周测试、每月测试、每学期测试、每学年测试，有年级或班级的统一测试，也有学生自测，形式多样，满足不同班级、不同时间段对教与学的检测，便于建立学生学习档案、“对症下药”，解决具体问题。

（3）多次测试叠加，融“测练”为一体，为形成性评估提供依据。《大学英语教学指南》要求加强形成性评估和反馈，明确指出，大学生英语能力测试应包括形成性测试与终结性测试，应加强形成性反馈，处理好共同基础测试与校内测试、综合语言能力测试与单项语言技能测试、基础英语测试与专门用途英语测试等各方面的关系，实现“对学习结果的终结性测试”与“促进学生学习的形成性测试”的有机结合。智慧测试平台可随时提供组题考试，把“测”和“练”有机地结合起来，既能使学生得到语言知识和技能的悬梁，同时为学生英语学习和英语能力的形成性评估提供依据。

（4）网络自动评改，及时提供反馈。传统的英语考试，从命题、组织考试、评改到提供反馈，成本高，周期长，这是测试次数少、测试样本不足的主要原因之一，有些学校甚至没有段考。随着英语作文和翻译自动评改功能的实现，网络机考自动评改成为现实，自动评改为学生提供实时反馈，有利于学生对“问题”的了解和改正。

（5）及时提供诊断，为教师提供学生“问题”清单和教学的盲点。传统的课堂教学内容是基于课程本身对学生的已知和未知所做的宏观假设。由于互联网和网络丰富的学习资源，学生获取知识和能力的渠道是多方面的，传统的宏观假设受到极大的挑战，有些学生甚至感到教师的课堂“没有内容”，因此，教师如果没有捕捉到“问题”，而是照本宣科，没有“问题”针对性，自然让学生觉得“没有内容”。智慧测试能及时为教师提供学生个性化的“问题”清单，教师的课堂就能“有的放矢”不流于空泛。

（6）智慧测试与智慧学习相结合，完成从“问题”到“解题”即时一条龙服务。从“学”的角度而言，学生通过自测，发现“问题”，以“问题”为线索，转至学习平台所提供的“解题”资源，提高自主学习效率。此外，智慧学习部分还提供教师连线，为教师和学生提供互动网络空间，增强问题解决的时效性。

四、以智慧测试为导向的大学英语个性化教学模式

本校专为个性化教学而研发的智慧测试与学习平台，为以智慧测试为导向的个性化教学提供了技术和工具保障，构建以学习为中心，以智慧测试为诊断和检测手段的“智慧测试—学与教—智慧测试”环闭式个性化教学模式。下面我们将根据平台的技术和工具功能，分别从个性化空间、智慧测试为导向的个性化课堂、激励、个性化监控和管理、个性化评估等几个方面，阐述以智慧测试为导向的个性化教学模式。

（一）个性化中的统一空间和统一中的个性化空间

1. 两个空间，打造既合作又竞争的格局

公共资源平台和个人中心两个空间。公共资源平台以公共智慧测试为主体，兼顾教师们提供的各种教学资源，人文科普资料，写作翻译讨论和外语视频等等。另一个空间是个人中心，对于教师来说这是个自主教学和管理的班级空间，对于学生来说这是个自主测试和学习的私人空间，每个教师都有自己任课的班级，教师在这个空间里独立经营自己的班级，其他班级学生是进不来的，在同一个教师名下的每一个学生都有自己的个人中心，里面的内容分成三个部分：①教师提供的信息资料，包括在线测试，教案，作业等等；②个人成绩，相当于个人档案，包括个人注册的信息，记录个人的测试、作业和提问情况；③信息安全，管理和修改用户信息或密码。

公共平台和个人中心互为依托，相辅相成，体现智慧测试与学习平台的双

轨思路，公共平台代表的是统一：统一测试，统一辅导，是统一背景下的自主测试和学习的主场，全校大学英语课程使用的教材基本上是统一的，同年级集体备课，也推出了统一的教案、PPT 和测试题，但这并不意味着这一切必须统一执行，相反，我们鼓励在统一的基础上发挥个性，教师可以根据自己班级的实际需要决定自己的教学内容、教学方式和教学规模等等，这就利用到了个人中心空间，个人中心代表的是独立和个性化空间。

每个教师都会把自己的班级作为教学的重点对象，所以班级空间自然而然成为他们的主要工作区，而外部的公共资源平台是班级工作区所依存的大环境，教师在经营自己班级的同时，也要大家共同建设大家庭，教师发布教学信息（测试、教案、作业等等）时，也需要优秀的资源跟大家分享，把信息发布到公共空间平台上。两个空间的划分造就了一个既合作又竞争、既互相依赖又互相独立的格局，合作和相互依赖是教学个性化中的统一，竞争和独立是统一教学中的个性化。

2. 教师之间的信息分享和个性化的合作

教师们在工作和交往中自然形成的友谊，使得他们在教学上也自然形成某种信息交流和共享的“小团队”，个性化教学尊重这样的需要，设立教师信息分享，通过密码手段与其他教师分享自己编写的测试题、教案和作业，有利于经验分享，既注意个性又关注整体，有利教师职业发展以及个人知识和技能的不断提高，这样又形成了一种个性化的合作。

3. 动态的、教师共同参与的题库建设

教师后台还建立一个动态的题库，作为智慧测试的主要资源依托。题库有两个端口，一个是输入端口，另一个是输出端口，前者用于添加题库资料，后者用于提取题库资料，进行组卷测试。题库资料来源有两个渠道，一个是购买的资料，另一个是教师自己编写或整理的资料，每个教师都可以通过输入端口添加资料，供大家共享，系统会给资料进行编号，分类，避免重复，随着资料的不断动态输入，题库会越来越丰富，越来越庞大，在另一个端口，教师可以提取资料进行组卷。动态的，教师共同参与的题库建设，给题库带来无限的生命力。

其他的功能包括难度排行，以班级为单位计算，测试结果丢分最多的题目位于排行之首，教师从这了解到学生的难点和重点，此外教师在班内或校内进行各种问卷调查。

（二）以智慧测试为导向的个性化课堂教学

1. 以智慧测试驱动课堂

测试、教案和作业是以智慧测试为导向的大学英语个性化教学的主线，其中测试是主线的驱动力，测试不是传统意义上的考试，传统意义上的考试是对教学效果的评估，智慧测试是教学前的诊断，测试量大，覆盖面广，贴近教学内容，测试形式多样，循环叠加，自动评改，测试分析；测试规模可以根据需要来选择，有全校统一的测试、班级内部的测试、以小组为单位的测试和针对某个学生的个人测试，测试又分为课外的自由测试、要求测试和课堂内部统一时间的倒计时测试，还可以分为一次性测试和重复性测试，课内统一测试要求做好保密，测试前一分钟发布试题；课外测试可以用电脑，平板电脑和手机进行，课内考试只能用手机或平板。学生根据不同要求进行测试，提交时马上得到结果，提交后的试卷提供讲评，如果想继续充实和巩固某些知识点，学生可以选择强化指导。测试的目的是发现问题，解决问题，为教师提供改进教学和个性化辅导提供依据，让不同问题不同情况的学生得到个性化关照，教师还可以以此因材施教，把一些指定的教学信息只发布给指定的学生，实现精准的一对一个性化辅导。教师根据测试结果了解学生的难点和重点，编写教案，布置作业加以强化，再发布新的测试，形成循环叠加，步步提升。

2. 智慧测试导致课堂的个性化和多元化

除了一定量的课内测试，更多的测试是课外自由和测试，目的是利用好课外大量的碎片时间，这样一来课内就可以避免教学内容的重复和浪费，学生已经掌握的东西就不要再讲，课堂时间主要用来针对性地解决学生的问题，重点难点，处理平台不能处理的问题，包括教师与学生、学生与学生的情感互动、头脑风暴、专题讨论、辩论、思辨、口语训练、知识的拓展和发展、学习策略的探讨等等，学生的难点是有差异的，学生的需要也是多样化的，智慧测试为导向的课堂教学也会变得个性化和多元化。

3. 个性化的师生互动和答疑选择

学生的在线提问可以选择公开和非公开两种形式，选择公开提问，学生的问题和教师的答复都将被公开，大家分享，非公开提问只限于教师和提问学生之间，别人看不到，很多学生更喜欢私下问教师问题，比较普遍的有代表性的问题，教师可以统一解答，甚至在课堂上做重点辅导。

（三）建立激励机制的作业展板和外语资讯板

为那些作业和测试做得非常出色的学生提供一个展板，展板上展出不同层级的优秀作业，班级优秀和校级优秀，这样会收到很好的激励效果。由于本教学模式注重个性化教学，但并不意味着可以忽视人的社会性和人与人之间的互动，通过展板，进行榜样引领，激发一定程度的竞争意识是很有必要的。

平台的测试、教案、作业、人文科技，视频等多个空间由教师提供资料，但我们还是给学生留有机会，外语资讯空间由学生上传外语文章（因为我们还有其他语种专业），与大家分享，并设有读者评论，他们也成为平台资源建设的参与者，有了成就感。

（四）个性化的监控管理

实时监控，追踪每个学生的学习过程。过程监控是个性化教学的一个关键环节，没有监控，教师无法知道学生是否在按计划进行自我测试或学习，教师可以对每个学生进行网上监控，监控指标包括上线时间，在线学习时间，测试的得分或丢分情况，实时监控保证教师布置的任务能及时完成，对测试结果进行监控，教师就可以发现学生的难点，弱点，便于下一步实施“基于问题”的精准辅导。

（五）个性化的评估

个性化教学要求有与之相适应的教学评价制度。个性化评价体系包括对学生学习效果的评价和对教师教学效果的评价。由于智慧测试与学习平台的海量题库和全方位考核，档案管理的人性化，无论是教师还是学生，后台数据都能反映教与学的效果，为教师和学生的提供个性化的效果监测数据，有利开展针对性的教学管理。

总之，大学英语的个性化教学是时代发展的必然，网络和大数据时代提供强有力的技术支撑，大学英语教学改革应与时俱进。以外语智慧测试与学习平台为技术手段，以智慧测试为问题诊断和效果的检测方式，加强了评估手段的科学性以及测试对学与教的反拨作用。通过智慧测试平台，使“测—学—教”融为一体，互为依据，体现“学”的中心地位。“测”既是起点也是终点，两点之间循环反复，构成一个完整有机整体。“测试”是找出“症”的关键，只有找出了“问题”，学和教才能对症下药，增强了学和教的“问题导向”和针对性；同时，“测试”也是学和教效果的检测方式。以智慧测试为导向的个性化教学实践对我校大学英语的教学改革起到了较大的促进作用。

第二节　智慧教学设计的基础理论与教学设计

智慧教学是以斯滕伯格智慧平衡理论为理论基础、以学生智慧发展为目的，以思想交流为本体，以教学发展过程为重点的教学。智慧教学是以学生的智慧发展为目的即学生智慧发展是智慧教学的目的。智慧教学将以为发展学生智慧为目标精心安排编制整个教学过程，如教学目的、教学过程、教学评价都要围绕发展学生智慧这一教学目标来展开。智慧教学以思想交流为本体，我们通常说到教学中的交流只是提到了学生和教师之间的交流，而智慧教学中的交流还应该包括以下几个方面：教师和学生之间的交流，学生和学生之间的交流，学生个体与环境之间的交流以及学生自我的内部的交流。教师和学生之间的交流即是学生和教师之间有关情感和理性的交流；学生和学生之间的交流，这个交流层次被许多教学流派所忽略，学生和学生之间的交流无论是情感的交流还是理性的交流都很大程度地影响着学生思想的发展和形成；学生和环境之间的交流包括学生与自然环境和学生与社会环境之间的交流两个部分。

一、智慧教学设计的理论基础

（一）人本主义理论

人本主义学习观认为，一切教育行为应以人，尤其是人的情感发展为重点，不能够只关注知识和技能的传授。教育的最终目标应该是培养和促进学生的成长，教会学生如何学习以及如何顺应环境变化，即培养会学习的人，这才是一个人格完整的、一个真正有用的人。它的倡导者罗杰斯反对把学生看作动物或机器，更反对把学生看作自私、反社会的动物，他强调要把学生当人来看，相信学生自己的潜能，只有把学生培养成为“会学习”的人才符合以人为本的教育主张，才是“有意义”的学习。如果要想提高教学效果，那么最有效的途径就是对学生进行有意义的学习教育，这样才能达到期望的教学效果。

（二）智慧平衡理论

20 世纪美国心理学家罗伯特·斯滕伯格（Robert J.Sternberg）将智慧定义为缄默知识和外显知识的运用，价值观为中介，个人的、人际间的以及人以外的多种利益，长期利益和短期利益的平衡，实现对当下环境的适应、塑造和选择的平衡，从而实现公共利益的目标。智慧是一种特殊的实践智力，实践智力是在人们面对困难时寻求应当“做什么”的答案，而智慧则是当人们面对困难和选择时寻求“如何做才更完美”的实践方式。智慧是要达到平衡各方面的利益关系尽可能地达到各方面利益的最大化，这与满足个人的利益或是一小部分人的利益，而牺牲集体或是更多的利益观念相矛盾。智慧平衡理论的核心为，缄默知识和显性知识的运用，英国著名的思想家波兰尼（M.Polanyi）根据知识的显现方式将知识分为显性知识和缄默知识两大类。

（三）素质教育理论

素质教育是以提高全体学生综合素质为根本，以培养德智体美劳等各方面全面发展的合格公民为培养目标，以促进人与人、人与社会、人与自然和谐发展为价值取向，以人的全面自由发展为教育根本动力的全人发展的教育。从国家社会的发展层面来讲素质教育的目标是提高全民素质进而为国家的发展提供人力资源支持。从个人的长久发展层面来看素质教育的目标是为了培养全面发展的人，它立足于人的全面发展，以学生为本。素质教育是关注学生的学识、能力乃至品质的提升的教育，其中学识是指知识、技能等；能力指思维能力、动手能力等；品质是指道德修养、个人境界。相对于单独片面地追求高分数的“应试教育”而言，素质教育的目标更高也更符合个人的全面发展和国家发展的需要，素质教育更加尊重人的追求和作为社会人的基本要求。这是智慧教学目标追求学生智慧发展而非单单追求学生知识积累的思想来源。

二、智慧课堂教学设计

（一）课前阶段——教学目标预设

传统的课前阶段为教师的备课和学生的预习。教师方面主要是写教案、备教材、备教学方式、备学生基础，这一切大多是基于平时对学生的了解和经验来展开；学生方面主要是针对教师给的相关材料和课本，提前了解、学习即将讲授的内容，鲜有机会与教师、同学对预习内容进行交流。可是，智慧课堂理念的出现必然会改变传统的方式，它课前阶段的主要目标是对课堂进行目标的预设。教师层面，可以利用智慧教学平台提供的学生学习情况分析，准确掌握学情信息，进而对教学目标和教学重点进行合理的预设；对于学生而言，可以通过在课前预习环节，完成教师安排的预习测试题或相关讨论并提交到平台上，还可以把预习过程中出现的各种问题记录在平台上，让教师提前有所了解。这样一来，无论是教师还是学生都可以制定出合适的教与学设计方案，为后面的课堂教学提供有力保障。

（二）课中阶段——关注师生互动

非智慧课堂的课中阶段大多是教师的课堂讲授和学生被动听课、记笔记，互动方式大多也仅限于教师的提问和学生对问题的回答。然而，智慧课堂所关注的更多是课堂中的师生互动、生生互动。教师可以通过课前预习反馈，针对预习过程学生的问题进行讨论式教学；也可以通过创设不同的语言情景，类似于 PBL 项目式教学方式让学生展示、讲解他们的课前预习成果；当然还可以通过测试方式，检测学生的预习情况。最后，教师根据课前预设的重、难点和课堂展开情况，对相应知识点进行精讲、辨析难点，加强弱点，突出重点，通过师生有意义的互动和交流，培养学生创新思维和能力，促进学生对知识的重新建构，实现有意义的学习目标。通过一系列的自主活动让学生全程参与课堂教学，真正成为课堂的主人，变被动学习为主动学习。

（三）课后阶段——侧重个性化辅导

传统课堂的课后阶段一般以作业布置—作业完成—作业讲解为范式，这时候无论面对什么水平的学生教师布置的作业一律是统一的，无难易、深浅之分。但智慧课堂关注的是个性化作业，教师根据课前学生的预习反馈，课上的学习状况，对学生在该章节内容的学习有了充分的了解之后，借助信息化平台和大数据的分析对学生的课后作业做到个性化安排和辅导。基于平台学生能够及时了解到自己的作业、测试等具体学习情况，也可在平台上发布自己的学习感受或困惑，与教师、同学讨论交流，进行课程反思。教师可以根据学生的课后反馈及时调整下一次课的备课，以利于实施改进和针对性的教学，真正实现有意义的教与学。

智慧课堂教学设计的关键是“互动”，师生互动、生生互动。首先是课前预习阶段学生获取信息过程的互动，教师可以在这一阶段具体指导学生如何搜集课程资源，如何制作课程需要的文件或 PPT，让学生知道在什么地方查找、如何查找、如何呈现预习材料等，实现课前互动；其次是课上阶段的互动，通过课堂测评、成果展示、问题反馈等过程来实现；最后是课后作业互动，教师及时掌握学生的作业情况，学生及时了解自己作业的批改情况等。

智慧教学是大数据环境下课堂教学不可避免的产物，教师的智慧设计是一切的前提，但要实现真正意义的智慧教学设计和课堂仍然任重而道远。比如，如何真正实现个性化教学和因材施教；如何根据大学英语课程特点构建相适应的智慧教学模式；如何客观、科学地测评智慧教学效果等。这些都需要我们进一步地关注和深入研究。

第三节　泛在生态学习的大学英语智慧学习

互联网中随手获得的知识信息，加之以生态教育思想，创新了智慧生态学习的空间，为大学英语教学改革提供了可操作性，使得英语智慧学习呈现“五化”特征：泛在化、效用化、智能化、互动化和持续化。该文基于不受时空限制的泛在学习视角，以英语学习生态化、融合化、智能化的新观点，探讨英语教学回归生活本真，走向智能生态学习的路径。

一、泛在生态学习观的内涵

关于泛在学习学术界给予了不同的诠释，泛在学习（U-learning）是数字学习（E-learning）的延伸，移动学习（M-Learning）也逐渐引入泛在学习体系。“互联网+”教育的普及化、泛在化，使得学生可随时随地，濡染熏陶地进行学习活动，学生个体可根据各自的需要把所有的实际空间变为学习的空间，把所有的碎片时间成为学习的时间，实现知识获得、储存、使用、创造等智能化管理。泛在学习的持续性 / 永久性、直接性和直接性、交互性和主动性的特点是生态学习的另一表现形式。生态学习观就是追求人自身的全面发展，重视人与人之间、人与自然之间的和谐，追求精神层面的满足。通过泛在生态化的智能学习，学生的知识能力结构、学习方式都发生了变革，重塑学生的“学”。

二、泛在智慧学习的路径

（一）建构智慧学习框架

构建智慧学习个人需求框架，允许学生根据个人的需求情况，感知全方位的学习情境和社会关系，记录学习历史数据。构建智慧教学生态框架，根据教学要求，按学习方式分为：差异化学习、研创型学习、自主性学习、互动性学习。差异化学习强调掌握基础知识与核心技能；研创型学习培养学生综合应用能力；

自主性学习则依照个人偏好与发展需要，选择学习资源；互动性学习是通过广泛互动方式，依靠集体智慧掌握综合技能。学习平台将生成实用性学习卡片，跟踪记录学习全过程。

（二）创建多元化交互学习环境

构建互动性强、效果好的微信英语学习平台，将微课教学模式应用到大学英语教学中来。教师微视频课件设计可采用“常规设计”为主、“兴趣设计”为辅策略，提升学习资源的优势互补。在网络技术的支持下，努力寻求相应的学习平台，将知识点讲授、测练、文化背景知识传递；将学案设计、解难答疑等工作集体协同完成。

（三）引入先进的智慧学习环境

在 Unipus 智慧课堂里，学生不仅学习知识、训练思维，还可塑造人格。在虚拟环境中参与式和自主式的学习方式使得传统教师被智能机器代替。课前学生利用碎片的时间，通过智能训练，完成那些重复性和标准化程度高的语言磨炼活动；课中集中做有针对性的练习，发挥人本最大思辨能动性，从学习中获取快乐；课后，鉴于人机的互动，学生在宽松的环境里独自探索，实用的工具和丰富学习资源能够让学生充分自由地选择学习方式，体验多元文化，在积极参与互动的同时启迪心智，提升学习效率。

（四）构建智慧的学习服务

在大数据时代的支持下，扬长补短了解掌握学生的学习习惯、喜好等信息，定制更为精准的学习计划。最后，学习伴随即时、多样性的评价，有利于学习者及时调整学习策略。学生借助人工智能，在大数据的智能分析下，以语言为载体、以技术为支撑、培养跨文化思辨教育新思路，同时，教师可以及时发现教学问题、调整教学路径。

（五）构建多元的教学管理

智慧教学环境为师生提供了教与学的活动，呈现了教学的任务，为构建在线开放式、混合式、翻转式教学活动创造了条件。教师通过线下自主与集中的学习方式，发挥着组织引导与监控学生的作用，同时鼓励学生在线学习，调动学生的积极性、主动性，提升学习能力。传统性的学习方式、先验性、过程性和总结性评价模式，将会被学习平台的学习跟踪与自动评分系统取代。

探索智慧学习模式要认真吸取国内外先进经验，找到符合学生特点的智慧学习转型升级道路。在信息技术与教育深度融合发展的大趋势下，智慧学习转型升级不能简单停留在模式上。只有实现高质量、高能级的转型升级，智慧学习才能适应创新社会的要求，实现自主学习数字化、网络化、智能化水平的提升。智慧学习构建要突出学生发展的需求牵引，紧密结合经济社会发展和学生自我迫切需求；聚焦教育、放眼世界、着眼未来，提升学生学习获得感；探讨激发学生活力的众创机制，突出智慧构建成效普遍惠及个体差别学生，加强智慧学习普遍服务，促进智慧学习管理迈上新台阶。泛在智慧学习是整个学习生态“大系统”的子生态系统，对当前经济社会发展有着极大的推动作用和影响；同时，智慧学习本身就是一个“小系统”，驱动智慧教育内部生态向平衡的、协同的和良性循环发展。

第四节　智慧教学系统研究

智慧教学在分析教育大数据的定义内涵、实践范例、发展趋势的基础上，创建学习者、教学者、研究者、管理者、教育资源与服务提供者等多方参与的“智慧”教育生态，使更多外语教学者和学习者能够受益，帮助高校推动教育与信息技术的深度融合。

一、大学英语智慧教学测试系统

智能教学、深度学习、知识搜索和虚拟现实是信息时代高等教育的必然选择和外语人才培养的必要条件。例如在外研社主办的 2016 年“外研社杯”全国英语演讲、写作和阅读大赛中充分运用了人工智能、大数据、移动端等互联网元素，人工智能辅助赛事成为现实。此届大赛将线上学习平台延伸到移动端，提供备赛课程、赛前训练和线上专家指导和备赛交流群，基于云计算、机器学习和大数据分析，通过强大的信息反馈和数据统计功能，提供内容评阅、数据反馈等技术支持，提高选手的答题效率和评阅质量，同时还为学生提供自习方案、为教师教学提供策略依据以及科研数据支持。赛后，选手和学校还可以继续使用 Unipus 账户，体验丰富的英语测试和海量题库，进行阅读和写作训练、检测英语水平，以练促学，以测促教，将英语学习持续进行下去。

智慧教学在给大学英语教学带来新机遇的同时，也带来了新的挑战。面对如何使智慧教学发挥更有效的作用以得到更广泛和全面的实践，一些高校建设了智慧教室、转变教育理念，有机融合教学内容与能力实践；同时引入 iTEST 3.0 大学外语测试与训练系统减轻学校测试压力，通过对教学数据的多维度处理践行“以测促教、以测促学”。例如，中国矿业大学已经连续四年使用 iTEST 3.0 进行校本英语水平考试，系统的自建题库功能、机考客户端的安全稳定防作弊的特点、一键导出考试统计数据的便利，为该考试提供了有力保障，同时还节约了试卷印刷、人工阅卷、人工成绩统计的成本。在该届大赛中，外研在线自主研发的测评系统提供了稳定可靠的技术支持和专业优秀的内容把关。iTEST 3.0 大学测试与训练系统，为选手和参赛学校提供赛事支持、成绩评阅、数据分析功能，使赛事体验更加流畅。

二、外语智慧教学训练系统

在信息化时代，面对高等教育在国家需求、国际竞争环境、教育资源等方面的重要变化，高校外语教育智慧教学顺应了国家发展大势，外语智慧教学需要利用设备智慧，发挥教师智慧、增进学生智慧。U 校园正是以此为基础，全面升级、全新起航的“智慧教学云平台”，提供教学决策所需要的引导与帮助，满足高校混合式教学模式的需求，以实现学习分析技术在教学实践领域的实用功能。“U 校园”横跨教、学、测、评、研、服务等方方面面，用 iLearning 等全方位自主学习体系加强学生综合语言运用能力，U 讲堂、iResearch 等丰富深入的教研支持服务教师终身发展，将技术完全融入教育过程，构建良性循环的和谐教育信息生态。教师通过“U 校园”移动端，收集学生学习数据，根据不同学生的学习差异选择适当的评价方式，并制定出不同层次的评价目标，采用定性评价和定量评价相结合的方法，科学地反馈教学成果，最终让学生得到不同程度的提高和进步。

在外语学习的大数据背景下，实现“智慧教学”的有效途径之一是iWrite 2.0大学英语写作教学与评阅系统平台的开发，iWrite 2.0采用链语法和有监督的机器学习相结合的方法，从语言、内容、篇章结构及技术规范四个维度对选手的文章进行机评，同时结合人评，提供全面分析，有效提升写作能力。在iWrite 2.0中设计了阅读、写作和分析三个模块，其中阅读模块正是基于对语言理解能力的考量。iWrite 2.0系统提供的阅读库支持教师根据材料难度、题材等进行筛选，进而选择最符合教学需求的文本语篇。此系统对作文语言和内容的评估也充分考虑了“读后续写”的独特性，对文章内容切题性和连贯性的考察，可以视为针对这一题型的个性化评阅方案。iWrite 2.0对英语写作教学的辅助作用以及在该过程中产生的大量动态、真实的数据资源，能够为高校英语写作教学及研究提供新的方向与方案。此外，iWrite Corpus秉持“库学同源、库研同步、库教同理”的理念，通过对高校、专业、使用场景、作文题型等多类元信息进行动态追踪及监测，为中国英语教学提供基于智慧教学的形成性评价和真实语言用例及数据支持。iWrite 2.0和iWrite Corpus不仅能为研究者所用，也能帮助英语教学者进行有据可依的教学实践。

智慧胜于知识，大学英语智慧教学为外语教学带来了机遇与挑战，课堂在重构，智慧教学的教育新格局逐渐形成。然而无论时代如何发展，智慧教学的本质是培养人才，智慧教学与智能学习实质探讨的是新技术如何促教、促研、促学，智慧教育新生态将推进我国高等外语教育的深刻变革。

第五节　大学专门用途英语智慧课堂及教学

自从2009年起，国家教育部门提出了在大学课堂开展专业英语领域的创新教学以后，大学专门用途英语教学真正经历了理论论证和实践试点两个阶段，进入了快速发展的轨道。智慧课堂教学是通过信息时代构建技术融合的学习环境，能够有效推动大学专门用途英语实现技术、方法和实践创新化，保证学生在科技英语、商贸英语和社科英语等各个分支英语都能掌握更多技能，实现英语教学的社会化转换以及读写能力的有效提升。

一、大学专门用途英语智慧课堂的教学价值

（一）打造大学专门用途英语智慧型课堂教学框架

在大学专门用途英语课堂，开展智慧课堂这种教学模式需要从智慧教育理论、智慧教学环境、智慧教学法、智慧人才四个方面构建教学框架，实现多媒体、大数据、云计算和移动互联网等新一代信息技术在大学专门用途课堂教学的应用和发展。在大学专门用途英语智慧课堂教学中，智慧教育理论发挥着宏观统率的作用，它主要用来强调智慧课堂的教学策略和它在课堂教学每个环节的应用原则；智慧教学环境是开展智慧课堂教学的外部因素和实施大学专门用途英语的教学手段，它涵盖了众多信息技术为代表的“硬”智慧环境和以情景教学法、游戏教学法为代表的“软”智慧环境；智慧教学法主要包含“智能”“机智”和“智慧”为一体的教学策略、方法和体系；智慧人才包含了专业的英语知识、良好的价值取向、崇高的思想品德和较强社交能力等诸多智慧要素，是利用智慧教育理论，营造智慧教学环境，实施智慧教学法所达到的最终教学目标。

（二）点燃大学专门用途英语智慧课堂的智慧火花

在大学专门用途英语课堂，智慧课堂的出发点和创新点在于“智慧”这两个字，它需要利用互联网教育开展智慧型大学英语专业课程教学，学会利用大数据、云计算和物联网等信息技术推动智慧理论建设和课堂教学实践，真正实现大学专门用途英语教学的开放性、高效性和引导性。在大学专门用途英语课堂教学中，智慧课堂可以利用点对点或者点对面的开放式教学系统来强化专门用途英语的职业性和学术性，引导学生掌握其特殊的语言特性；利用智能化的移动教学工具和教学 APP 应用支撑平台，大学专门用途英语教学可以真正实现课前、课中和课后的教学活动全面开展，能够在教师与学生、学生与学生、

学生与课本之间创立高效互动的教学机制，保证学生能够第一时间访问学习型专业语言资料库，并在师生之间建立畅通无阻的沟通交流渠道；利用智慧课堂教学，大学英语教师能够保证大学专门用英语教学做到有的放矢，引导学生利用智慧课堂教学工具开展资料查询、情景演练、问题讨论和学习交流等学习活动，教师也能够针对学生学习情况掌握第一手的教学资料。

二、大学专门用途英语智慧课堂的教学设计

（一）利用智慧课堂开展专门用途英语合作教学

智慧课堂是当前大学专门用途英语教学广泛应用的课堂教学模式，它集合了电脑软硬件、教育信息系统、智能终端软硬件的智能化教学方式，真正实现了基于信息时代物联网技术为核心的“智能化”教学要求。通过智慧课堂的智能化教学方式，教师可以创建实施多层次、多手段的合作教学形式。首先，大学英语老师在开展专门用途英语教学时，应该学会利用多媒体教学终端、互动式电子白板等教学设备协助学生开展目标英语教学内容的情景演练以及教学内容的信息搜集，真正实现基于专门用途英语的自主学习和合作交流。其次，大学英语老师应该学会利用教育信息系统、信息交流平台和智能教学终端整理课堂教学重、难点，为学生搜集课堂练习和课后阅读的作业清单，引导学生开展教学目标的课堂练习和课后复习，积极阅读相关英语专业杂志、文学作品等，实现英语学习能力的拓展和升华。最后，教师应该利用视频采集软硬件、视频编辑软件和网络信息平台录制专门用途英语的微课视频，组织学生开展自主学习和交流分享，推动教学成果的有效转化。

（二）利用智慧课堂建设专门用途英语教学平台

大学专门用途英语不是简单的英语专业教学，它着重强化了英语专业学生的特定细化需求，强调科技英语、商贸英语和社科英语在职业与学术两个层面的专业用途，保证专门用途英语教学内容能够迎合特定的英语专业岗位需要，对于专门用途英语在专门词汇、教学语法和教学语境等方面都提出了细化要求和专业划分。因此，大学英语教师应该学会利用智慧课堂建设专门用途英语教

学平台，研发出基于专门用途英语的各行业和学科专业的教学资源，建立教学平台。一方面，大学英语老师应该学会利用云计算技术和网络信息技术搜集开发出专门用途英语的行/专业语言资料库，推动专门用途英语课堂教学、教材编写和评估测试的有效开展，甄选收录各行/专业的特定词汇、行业情境和高频词汇，真正实现本专业领域的英语专业学生能够掌握专业词汇、文献和口语。另一方面，大学英语教师应该学会建立基于电子书包的大学专门用途英语"智慧课堂"系统，学会将大学专门用途英语行业情境、高频词汇、参考文献等知识点制作成"微课"教学视频，上传到英语教学平台，形成大学专门用途英语的慕课平台，供本行业或专业的大学英语教师和学生下载应用和交流共享。

（三）利用智慧课堂设定专门用途英语教学标准

我国大学英语教学遵循的教学纲领性文件主要包括：《大学英语教学大纲》《大学英语教学课程要求》和《大学英语教学指南》等教学标准，它们是国家教育部根据全国高校英语专业教学要求和学生学习需求统一制定的国家英语专业教学质量标准。目前，统一的全国高校教学质量标准已经不能满足科技英语、商贸英语和社科英语等专门用途英语的教学需求，因为国家、社会和学科专业对于不同英语专业和就业岗位的需求不尽相同，迫切需要利用智慧课堂等教学手段来设立专门用途的大学英语教学质量标准。一方面，大学英语教师应该学会利用智慧课堂等信息技术来划定专门用途英语课堂教学目标，实现如医学、电工、经济、秘书、心理等专门用途英语专业的划分和区别，实现不同专门用途英语行/专业的教学标准设定。另一方面，大学英语教师应该利用智慧课堂创建智慧教学服务体系，寻找专业用途英语在资源管理、课程标准、数字化教材、评价标准、动态数据库等不同层面的教学质量标准，推动大学专门用途英语在智慧课堂实现阅读能力、翻译能力、口语交际能力、书面写作能力、信息搜集能力等英语综合素质的提升。

目前，我国大力推行的智慧课堂是一种以创新型的信息技术为基础，蕴含了大数据、云计算书、移动物联网等诸多技术为手段，探寻智能聪慧的课堂教学新模式。在大学专门用途英语课堂教学中，智慧学堂实现了教学对象数据化、交流互动立体化、教学资源智能化、评论反馈及时化，保证大学教师能够全面变革传统大学英语教学的课堂结构，推动课堂教学向着职业化和学术化方向深入开展，真正构建了大数据时代的信息化课堂教学新模式。

第六节　基于需求分析的大学英语智慧课堂及教学

大学英语教育应以满足社会发展需要及学生个人需要为着眼点，本着“因需设课”理念构建“互联网＋英语教育”智慧课堂。从教学方法设计到教学活动的组织实施，都应实现高校英语教育和社会英语教育的深度融合，这在目前已是提升英语教学实效的必然选择。

一、需求分析与大学英语智慧课堂

根据笔者对学生现实需要的调查，研究发现，学生在接受英语教育时会遵循职业需求、社会需求，结合自身心理需求进行选择性学习。不少学生希望能在英语课堂学到与社会发展需求、个人心理需求相关的英语知识，切实提高实际应用英语的能力。因此，大学英语理应在需求分析基础上设计大学英语课程教学，尽可能与学生的专业知识学习及职业技能培养相结合，真正适应全球语境下的教育个性化、文化多元化发展趋势，满足社会对英语人才的多样化需求，同时要符合学生的差异性英语水平和多层次英语学习需要。

学生的学习需求并不是千篇一律的，社会对人才的需求也在不断变化，因此，需求分析应该是一个连续的、动态的过程，确定满足需求的最佳方式还有待进一步探索。在笔者看来，大英教师应努力构建“互联网＋英语教育”智慧课堂，以使英语教学目标、教学内容、学习要求、考核方式等方面能够适应社会发展需要和学生现实需要。

智慧课堂所装备的视听、计算机、投影、交互白板等声、光、电设备，能够实现课程资源的人性化、形象化与动态化，让教师更快捷方便地利用视听、白板等设备将教学内容展现给学生，使大学英语教育和学生专业知识学习、职业技能的养成相结合，并在专业人士指导下及时了解市场和社会对人才综合素养的最新需求，这样能为调整教学目标、课程设置、教学内容和教学方法等提供依据和支撑。

二、构建大学英语智慧课堂的基本思路

（一）建设大英教学资源库并融入学校课程体系

笔者试图以慕课资源在大学英语课程中的优化整合与协同辅助教学为范例，通过大量引入慕课和微课优化整合大学英语课程教学资源，谋求资源共享和校际联盟，追求卓越的教学效果；借助信息技术重塑大学英语课程，改变学生发展为考试服务的痼疾，让分数的奴隶们真正成为英语学习的主人。

（二）创建基于互联网的英语教育研究共同体

大学英语教师应在真实、开放、灵活、动态发展的网络化教学情境和研究过程中，结合教学实施过程中交际训练的成效，创建基于信息技术应用的英语教育研究共同体，让广大同行以满足学生个人需要及社会发展需要为着眼点，以提升英语教育实效为目的，突破时空限制随时随地能就共同问题进行体验式研讨与合作。

（三）以学定教并使高校英语教育向社会延展

据了解，鱼化龙文苑的大学语文教学、大学英语教学是基于“互联网＋自媒体”而构建的智慧学习空间，实现了线上线下一站式、混合型、交际化教学，尤其是以学定教的实践应用，根据学生的现实需要开展教学活动，针对学生实际情况和存在问题以学定教，得到教育界同仁广泛认同。笔者认为大学英语智慧课堂可借鉴鱼化龙文苑模式，立足课内、放眼课外，充分利用人机交互的功能，从学生现实需要出发设计教学活动，同时努力使高校英语教育向社会教育延展。

三、基于需求分析和智慧课堂的大学英语教学设计

（一）注重实践教学环节和英语应用能力养成

英语教学过程应是学生听说读写译的实践活动过程，应以培养表达与交流能力为旨归。而大学生在听说读写的实践活动中，总会有令人意想不到的创造，因此要淡化理论考试成绩，注重实践教学环节，应突出地强调学生说读写译等应用能力的养成。

（二）以交际化教学活动变现翻转课堂模式

翻转课堂要求学生在课前预览课程大纲提前预习，观看教学视频和相关材料并进行沟通和研讨，到了课堂上由教师解答或是同学之间讨论解决之前学习过程中遇到的问题。智慧课堂因其信息技术设备功能的多样性，教师在大学英语教学过程中的教学方式可以多种多样，为变革学习方式提供了便利，因此，大学英语教师可基于信息技术应用，努力尝试以开放的交际化教学激发学生兴趣，由此落实翻转课堂教学模式。

（三）利用网络平台技术改革教学方法

教师应善于利用网络平台技术，以“教、学、做”一体化为指导思想，根据不同的教学板块、不同的教学情境运用不同的教学方式，引导学生积极思考、乐于实践。笔者在实践中发现，较为行之有效的教学方法是以工作任务为导向的职场场景教学法、工作情境教学法，以及模拟社会交往以解决问题的角色扮演法等。

通过创造设置特定工作任务的教学情境，营造逼真的职场场景，可使学生身临其境从而激发学习兴趣；把教师主导教学和学生自主学习相结合，分组教学和集中教学相结合，让学生进行自主探究、操作、讨论，引导学生对实践过程进行思考，将学到的理论知识学以致用。而工作情境教学法是根据专业学习要求对现实工作情境的模拟，要考虑到职场中会议讨论、商务谈判、客户服务这样的场景较多，教学中要注重模拟操练才能达到理想效果。

由于社会交往和掌握处理问题的方法几乎与所有职业人士相关，角色扮演在大学英语教学中有着不可忽视的重要作用。角色扮演有两个方面，一是学习和把握自己所要扮演的角色，二是了解并尊重合作方所扮演的角色，做到知己知彼。学生通过角色扮演可以了解现实生活中各种角色的社会作用，并对自身生涯规划做出适当判断、评估和必要的调整，在适应社会需求的同时满足个人需求，从而赢取个人的社会价值和快乐人生。

第七节　全球化3.0时代的大学英语听力智慧教学

Numan 早就强调了听力的重要性，他认为“听力是语言学习的基本技能”。事实上，学生在运用外语的过程中 50% 的时间都与听力相关。然而，大学英语（包括通识英语与专门用途英语）和英语专业的课堂教学中，听力能力的培养仍然是教师教学和学生学习的难点问题之一。20 世纪 60 年代末，陆续出现外语听力相关研究。90 年代迎来外语听力研究的第一次高潮，其研究主要局限于定性研究，表现为描述性的经验或方法介绍。2000 年以后，定量研究的文章逐渐增多，研究的视角与范围和国外差距越来越小，基本形成较为完整的听力教学研究体系。Vandergrift 指出，国外外语听力研究主要集中在七个方面：认知因素、语用与情感因素、听力教学、多媒体环境、听力评估、学术听力和语言形式。相比之下国内学者的研究只涉及前五个分类，对于学术听力和语言形式在听力中的作用根本没有涉及，就是在“语用与情感维度”层面，语用因素研究国内研究者也一直没有涉及。与国外最新研究成果相比，国内学者对听力研究的深度和广度有待进一步拓展。纵观 30 年国内学者研究成果，可以发现主要集中在传达式的外语听力研究。总之，外语听力研究的脉络大致是：前期主要从传播理论的角度探讨听力教学的方法和教学技巧研究；中期开始从不同学科及跨文化角度对听力教学和测试进行研究；最近研究选题集中在网络多媒体和自主学习层面的外语听力教学研究。外语听力研究从宏观研究转向微观研究，从定性研究转向定量研究。

当前听力教学正朝以下三个方向转变：一是学生主体地位的确立，学生由过去的被动学习转向主动学习，成为学习的主体；二是听力教学从重视听力结果转向结果与过程并重；三是听力教学要结合先进的科学技术。进入全球化 3.0 时代，英语教师越来越注重利用丰富的网络资源，试图用信息 + 人脑提升课堂教学质量与提高学生学习效率，智慧教学方式与大学英语听力教学的结合产生新模式，本节主要探讨新模式的具体内容及实现方式。然而，新模式的运用也需注意认知负荷与信息解码、多模态输入与元认知、听力与其他课程融合的教学法等问题，本节也将对此进行简要探讨。

一、全球化 3.0 时代与外语教学

在《世界是平的：二十一世纪世界简史》的畅销书中，全球化进程按其行为主体的不同，被划分为三个阶段：全球化 1.0 版（1492 年—1800 年），这个阶段，是劳动力在推动全球化进程；全球化 2.0 版（1800 年—2000 年）是企业的全球化，工业革命扮演主要角色；全球化 3.0 版（从 2000 年至今）指的是在互联网时代，人与人之间沟通无界限，全球融为一个市场，劳动力和产品均可全球共享，国际竞争加剧，地球由此被“铲平”了。

在全球知识经济浪潮之下，外语学习已经不仅仅是一种语言知识的简单积累和储存，而是更加注重整体外语能力的培养和提升。在结构主义影响下，我国传统的外语学习，以语言知识为结构，以词汇、语法或是基础语言技能为核心，外语考试则以语言知识点作为考查范围，由此形成了一个封闭机械的外语学习范式。当下的外语学习应积极借助于以互联网为核心的现代教育技术，创设人机友好的外语学习环境和界面，通过自主学习和有效教学方法，完成外语基本知识和基础能力的学习任务。大学英语听力教学也应顺应这一发展趋势，因此有关大学英语听力智慧教学模式的探讨就变得十分有必要了。

二、大学英语听力智慧教学模式

智慧教育作为教育信息化的高端形态，对教育改革的方向起着引领的作用。教育信息化是实现智慧教育的手段和途径。笔者理解的“智慧”教学，是指教师与学生在教学过程中充分地利用信息化时代的网络资源，优化传统的教学模式，从而实现提升教学效果和提高学习效率的目的。在下面的探讨中，本节将围绕大学英语听力智慧教学模式展开，介绍其涵盖的三大子模式和探讨其教学影响。

（一）大学英语听力的课堂智慧教学模式

该模式主要针对大学英语听力课程的课堂教学，共包含三个研究要点：第一，采用信息化手段，例如使用电脑终端教学（除了听力模态的音频资料，增加视频资料或者 PPT 课件资料促进听力理解），辅以手机移动终端互动的模式（利用如蓝墨云班课等 APP 或网站在课堂上扩展听力相关词汇解释或者文化背景知识，提高听力前知识水平）。第二，对输入内容进行负荷控制与分类。由于在信息化技术的支撑下，师生能够随时随地、轻易地获得数量庞大的多种模态的英语视听资源，输入内容呈现碎片化、认知负荷高的显著特点，如果不对其进行处理，会严重增加学生的认知负荷并最终影响课堂教学的效果。因此，教师可以采取以下处理方式，例如采用大数据搜集同样主题的不同类型的听力材料进行连续输入，强化学生们对该主题的语言知识和背景文化的了解，强化学生们对该主题的认知理解能力；根据输入内容的难度选择单、双或多模态的输入方式，缓解学生的焦虑心理和帮助学生在听力过程中构建元认知。第三，教师采取信息化的手段进行效果分析，例如可以用电脑终端随堂测试和分析测试结果，或者通过 APP 和网站上的听力测试题目来获取学生学习进度、学习轨迹等相关信息，分析错误类型，并结合测试成绩进行学习效果分析。

（二）大学英语听力的自主智慧学习模式

该模式主要针对大学英语听力的自主学习，共包含四个研究要点：第一，在自主学习模式上如何引导学生进行模态选择，如在课堂上进行了对话听力后课后可以通过观看系列对话视频节目来强化学习效果，同理如果课堂上训练过听写，那么自主学习中可继续观看同类别的听写教学系列节目，或者提升难度观看没有英文字幕的视频以达到提高听写能力的目的；第二，信息处理，这是自主学习的一个难点，教师要通过线上互动形式指导学生根据自身水平、兴趣和目标着手从庞杂的听力与视频信息中筛选适合的输入内容；第三，认知负荷控制，输入内容的难易直接影响认知负荷的高低，教师应该引导学生注意控制认知负荷并使其保持在波动范围内，听力或视频材料太难或者太容易都不利于认知负荷的控制和听力能力的稳步提升；第四，效果反馈，信息化时代的学生在自主学习过程中可以利用学习软件来记录学习进度和学习成效。

（三）大学英语听力的整合型智慧教学模式

这是一种在智慧环境下用拓宽阅读知识来提升听力理解能力、以朗读促进听力理解的整合型听力提升模式，原因在于影响听力理解能力的因素分为语音层面、语法层面、百科知识层面和认知理解层面。全球 3.0 时代使得线上线下混合教学方式更容易得以实现，利用智慧教学手段来综合改善这四个层面的状况才是治理听力问题的根本所在，具体表现为指导学生用英语趣配音等软件锻炼配音朗读能力以改善语言状况，指导学生登录英语报纸杂志的网站、百词斩爱阅读等 APP 来拓宽百科知识面等。

三、智慧模式中的核心问题

在智慧教学新模式下需要关注以下两点核心问题，第一点与认知过程和心理相关，第二点详述和分析了“自主 + 合作”的学习方式。

（一）认知负荷与信息解码

1981 年 John Sweller 将认知负荷的概念引入到教学领域，并提出认知负荷理论（Cognitive Load Theory，CLT），该理论基于资源有限理论和图式理论，探讨信息加工过程中工作记忆和长时记忆的关系以及对复杂学习和问题解决的影响，同时也成为多媒体教学设计的理论基础，并为其提供理论框架。语言范畴相关的信号经过大脑的认知处理后，先前非结构的语言信号转变成有语言结构的信息，语言形式转化成语言内容，这就是语言信息解码。因此，在大学英语听力教学中首先要关注认知负荷控制，即控制视听输入材料的认知负荷，其次要引导学生在认知和理解的过程中准确提取和解码核心信息。

（二）多模态的“自主 + 合作”学习方式

多模态的“自主 + 合作”学习方式在大学英语听力智慧教学的实施过程中处于非常核心的位置，具体而言可以通过以下三种方式得以实施。

1. 听觉模态的听力技能“自主 + 合作”学习方式

听觉模态是英语听力课堂教学的主导模态，即使在混合教学方式盛行的当下也是如此。首先，在网络环境下，听觉模态的听力自主学习的输入内容由原来的单一、匮乏转变为现在的多类别和丰富，如与“医疗健康”这一主题相关的对话、听写、篇章和复述等形式的听力材料可以通过搜索引擎轻易获得，为听觉模态的自主学习提供了充要条件。其次，在自主听力理解的过程中，学习者可以采取同伴合作的方式，例如在笔录要点时，可以与同伴分享所写要点、比较谁的笔录信息更加完整、核心信息的提取更加精准，请擅长笔录的同伴担任“小老师”，示范并分析笔录要诀与速记技巧。换言之，这种同伴对比与互助的方式也可以运用到其他听觉模态的练习中，如选择或判断正误等等。合作同伴之间的听力理解能力差距较小、互相监督与共同进步是“自主 + 合作”的基础。

2. 视听模态的听力技能“自主 + 合作”学习方式

视听模态是多媒体 + 背景下英语听力课堂教学的新引入模态。首先，在网络环境下，视听模态的输入材料相当丰富，如与“科技”这一主题相关的采访、纪录片、新闻报道甚至电影电视剧在网上随处可见，为视听模态的自主学习提供了充要条件。其次，在自主观看的过程中，学习者可以采取同伴合作的方式，例如在观看视听材料（有字幕）时偶然习得如习语、俚语和高频词汇这样的语言知识，可以与同伴分享心得、做视听笔记。在观看视听材料（无字幕）遇到难点时，无法理解的一方可向另一方寻求帮助，同伴支架效用立即得到激活。

3. 视听说模态的听力技能“自主 + 合作”学习方式

视听说模态是听力技能训练上升到顶层的一种方式，但以听力技能提高为目的的自主学习过程中，视听理解是首要目的，“说”是对视听输入内容在内化吸收之后的后期输出体现，最终对视听理解能力起到反驳作用。同伴互助合作和同伴支架作用在视听说模态的自主学习过程中体现得最为明显，因为“说”这个输出过程需要在同伴之间展开，对话的过程也是对视听内容提高认知程度的过程。

全球化 3.0 时代为英语教学改革提供了技术支持，对大学英语听力智慧教学模式的初探符合新技术时代的教学改革发展趋势。这一模式的提出对师生提升大学英语听力教学的效果将会有一定的帮助，今后本节作者也将对这一模式的实践效果进行一系列的实证研究，并根据结果来予以完善。

第八节 “一带一路”智慧教育下英语教学

“一带一路”构想旨在建设一条和平、开放、创新、繁荣而文明之路，因此，需要大量高质量的复合型英语人才作为保障。在信息技术飞速发展的当下，云计算、大数据、物联网等新兴技术的产生很大程度上影响着传统的大学英语教学模式。在这样的时代背景下，国家需求、供求关系、教学对象及资源等方面已发生巨大改变，大学英语教育作为语言服务的重要组成部分应当更新传统的教学理念，对于复合型人才的培养具有更高层次的要求。智慧教育作为一种新兴的颠覆传统的教学模式，对于“一带一路”伟大战略构想下的高校大学英语教学，尤其是对于处于转型时期的民办院校大学英语教学改革起到至关重要的作用。

一、“一带一路”视域下的大学英语教学模式改革的意义

“一带一路”即“丝绸之路经济带”和“21 世纪海上丝绸之路”的战略构

想，是2013年首次提出的重要战略倡议。当今世界正面临多样复杂的变化，“一带一路”以合作共赢为核心，强调相关各国的互利共赢及共同发展，为世界和平与发展注入新的内涵与活力。同时，“一带一路”伟大的战略构想以人文交流为纽带，对我国高校英语教学模式及人才的英语应用能力培养提出了更高的要求。“一带一路”建设的语言人才培养要走多元化路径，充分认识人才的多样性，不仅需要培养高端复合型外语人才，普通复合型外语人才也有极大的市场需求。他们可以是“外语本科专业＋一般非外语专业知识”或者“非语言本科专业＋外语”。因此，“一带一路”视域下的大学英语教学以英语复合型人才培养为需求，颠覆传统的以教师为主讲，学生为主听的教学模式，调动学生学习的积极性与主动性，突出英语与其专业学科的紧密联系，积极探索灵活有效的课堂教学模式改革有着重要的意义。

二、大学英语教学现状及智慧教育下的教学新模式

民办院校是我国高等教育的重要组成部分，在办学方面独具特色，在办学机制及人才培养模式等方面均具有灵活性较强的优势。与公办学校不同，民办院校一般具有建校时间较短，发展迅速，注重办学特色求发展的特点，同时面临转向培养应用技术型人才的重要时期，其转型过渡发展的关键时期为大学英语教学改革提供了良好的机遇，同时也带来了一定的挑战。

（一）民办院校大学英语教学的优势及不足

在过去的大学英语教学中，民办院校的学生具备自我意识较强，理解能力强，思维活跃，乐观开朗，积极主动参与课堂等优势。但是，由于来自不同地区学生的知识储备及英语应用能力不尽相同，学生存在着基础知识水平参差不齐的现象，并且缺乏自主学习的意识。同时，师生在教学中均受到英语四、六级考试等应试教育的压力，因此，课堂上普遍采用传统的教学模式，即以教师为主讲，学生在课堂上被动接受知识，从而导致学生学习兴趣不足，英语学习效率低下。在以“一带一路”的时代背景及培养高质量复合型人才的需求下，

处于转型期的民办院校大学英语教学面临着诸多机遇与挑战。发挥民办学院体制机制灵活的优势，顺应时代发展的需求，探索智慧教育新模式下的大学英语教学改革尤为重要。

（二）智慧教育下的大学英语教学新模式

在信息时代高速发展的当下，教育的发展速度远远跟不上时代进步速度，所以教育必须根据信息时代特点进行重构，智慧教育的出现是时代发展的必然。我国权威教育信息化学者祝智庭提出了较为完整的智慧教育的概念。信息时代智慧教育的基本内涵是通过构建智慧学习环境，运用智慧教学法，促进学习者进行智慧学习，从而提升成才期望，即培养具有高智能和创造力的人。面对民办院校转型过渡期的机遇与挑战，智慧教育这一新兴的教学模式为适应高速的信息化发展并为激发学生学习英语的兴趣提供了平台。在物联网、云计算、移动网络等新一代信息技术飞速发展下，学生对于教师将信息技术教学手段运用于课堂具备快速的适应能力。同时，随着网络技术、手持移动设备飞速发展，手机上网越来越普及，智能手机已成为大学生最常用的沟通交流及娱乐的工具。智慧教育遵循以学习者为中心的人本主义理念，对于改变传统的教学模式，提高教学质量，达到最高效的教学设计产生了更好的办法。首先，英语教学中充分利用学生的计算机及互联网技能，引导学生将电脑、智能手机及手机中的学习软件应用到大学英语的智慧教学中，优化教学方法，便利及时地获取教育资源以及对课堂生成性资源进行有效存储，实现动态、灵活、实用的课堂教学。其次，智慧教育下教师通过利用电脑或智能手机等设备及时发布测试及任务有助于教师掌握学生的学习情况，并对学生的学习状态及教学效果进行数字化统计与分析，辅助教师对教学情况的实时监控，从而帮助学生获取更佳的学习效果。最后，智慧教育有助于学生自主而灵活的学习，英语学习不再局限于教室内。随着互联网技术的不断成熟，学生可以利用智能终端或电子书包下载学习资源，随时向教师获取帮助。在口语练习与测试方面学生以小组为单位通过微信的语音功能及其他口语练习软件或人机对话的方式课下灵活地完成教学任务，切实提高英语口语的应用实践能力。同时，智慧教育与时俱进地将学生手中的智能手机及电脑等设备转变为学生智能学习的工具，将学生被动的学习心态在教师的有效教学设计引导下化为主动，增强了教学的主动性与趣味性。

三、依托"一带一路"背景智慧教育下民办院校英语教学模式的建构

传统的英语教学以教师为中心，注重英语教材与理论的讲解。移动互联网的浪潮势不可挡地改变了人们的学习习惯和方式，人们进入了"移动化、碎片化、泛在化"学习的微时代，学习者获取知识的时间和空间变得更加自由，突破了原有的固定的模式、固定的场所和固定的时间。在"一带一路"的背景下，外语能力建设是对外交流的重要组成部分。民办院校可以结合转型定位的人才培养目标在"英语+专业知识"的大学英语教学模式下设立相关专业的英语课程教学，如：土木工程英语、物流英语、会计英语等，并注重培养学生英语口语应用实践能力，为培养出高质量的外语人才打下基础。对于民办院校大学英语教学模式的改革重构，在智慧教育下的大学英语教学新模式基础上，首先，教师要转变教学观念，秉持"以人为本"的教学理念，突破原有教学模式，在智慧教育下利用网络、信息技术等丰富教学内容，结合学生的专业知识智慧设计英语教学方案。其次，教师可以把智慧教育下的新兴教学方式，如：慕课、微课及翻转课堂等融入大学英语的教学中，吸引学生的学习兴趣，挖掘学生的学习动力，并且教师要结合实际教学情况，有效组织与引导课堂。除此之外，教师可以创造性地利用学生常用的微信公众平台、微博等微教学平台布置学习任务，使用微信语音功能加强学生英语口语实践应用，有效改善大学英语的教学环境，创新改革教学模式，对现有的教学环境与模式进行有效的补充。学生课后利用网络资源，主动学习英语知识，提高自主学习能力。在智慧教育下，教师和学生在大数据指挥平台下有效配合，利用微教学平台的移动性、广泛性及交互性使教学变得更加生动有趣，学生学习兴趣更加浓厚，整个教学充满了智慧的设计，构建智慧的大学英语教学。

综上所述，随着"一带一路"全球化的伟大进程，在高速发展的科技时代下，

大学英语教育环境发生巨大变化，处于关键的转型时期的民办院校应当秉持“以人为本”的教学理念构建高效的大学英语教学，探索全新的大学英语教学模式，顺应时代发展的需求，在智慧教育的创新教学模式下培养出越来越多的高素质复合型、应用型英语人才。

第六章　教育信息化背景下大学英语慕课教学

第一节　理论基础

翻转课堂不仅仅将学习内容移至课外（Herreid&Schiller，2013），基于慕课理念的翻转课堂包含更为复杂的学习过程，主要涉及以下多种学习理论。

一、认知负荷理论

认知负荷理论（Cognitive Load Theory，CLT）由澳大利亚新南威尔士大学的认知心理学家约翰·斯威勒（John Sweller）于1988年首先引入教育领域。Sweller将认知负荷定义为“将特定工作加诸于个体认知系统时所产生的负荷量（Cognitive load is generally considered a construct representing the load that performing a particular task imposes on the cognitive system.）”（Sweller，Merrienboer & Paas，1998，p266）。

认知负荷理论是基于人脑工作记忆的有限性发展起来的。库珀教授（Cooper，1998）区分了三种不同的记忆模式，即感官记忆（Sensory Memory）、工作记忆（Working Memory）和长期记忆（Longterm Memory）。他认为这三种记忆模式相互结合，处理各种信息，它们之间的区别在于外界刺激信号首先进入感官记忆，如果学习者留意，这些信息将进入工作记忆。如果学习者有意识地复习存储于工作记忆中的内容，这些信息将会转移到长期记忆，并以认知图式的形式永久存储于大脑。最新的研究也表明，工作记忆至少由两个信息处理器组成，而且以部分独立的方式运作。两个处理器中一个处理听觉信息，另一个处理视觉信息。据此，认知负荷理论认为通过利用视觉和听觉相结合的方式输入信息，可扩大工作记忆的存储能力（Tindall-Ford，Chandler&SweUer，1997）。认知负荷理论认为，学习材料所引起的认知负荷水平主要由三个基本因素决定，即学习材料的复杂性、学习材料的组织和呈现方式、学习者的知识经验。由此，构成了三种类型认知负荷，即外在认知负荷（Extraneous Cognitive Load）、内在认知负荷（Intrinsic Cognitive Load）和关联认知负荷（Germane Cognitive Load）（Sweller，etal，1998，P262-265）。内在认知负荷是由学习材料的难度和个体先验知识决定的。外在认知负荷是学习过程中对学习没有贡献的心理活动所引起，不利于学习者学习，而关联认知负荷是指帮助建构图式（Schema）和图式自动化的负荷，是促进学习者学习的有效认知负荷。学习者内部因素可降低内在认知负荷，即如果学习者头脑中具有与学习材料相关联的图式，那么所产生的内在认知负荷就会更少。专家比新手对材料有更少的认知负荷，其原因就在于头脑中已有相关图式，降低了工作记忆负荷。

认知负荷理论包括资源有限论和图式理论，资源有限论认为，人的认知资源是有限的，而任何学习和问题活动都要消耗认知资源，造成认知上的负荷。超负荷（cognitive overload）是指加工某种信息所需要的认知资源超过了人本身所具有的认知资源的总量，它会影响学习的效果和效率。认知负荷理论研究的主要目的是在教学过程中控制工作记忆负荷，即最大限度地降低阻碍学习的认知负荷，优化促进学习认知负荷，使学习者合理地利用有限的认知资源，达到最好的效果（龚德英，2005）。认知负荷理论的图式理论认为知识是以图式的形式存储于长时记忆中的，在个体学习新知识的时候，长时记忆中的图式可以根据所面临的情景进行快速而正确的归类，这种归类是一种自动化的加工过程，它不需要有意识地控制和资源消耗，因而可以降低个体的认知负荷。认知负荷理论提出重复提取优于细化编码的原则。提取是从记忆中回想信息的过程，而编码是指将信息存入大脑。实验证明，反复提取在增强长时记忆上的重复提取对长时记忆保持有显著效果（赵国庆、郑兰琴，2012）。翻转课堂基于认知负荷理论，合理设计实施教学实践活动，降低外在认知负荷，提高有效认知负荷，进而提高学习效果，体现较之传统课堂的优势。

首先，翻转课堂合理分配认知目标，减轻认知负荷。传统课堂将主要时间用于知识传授，主要是对知识的工作记忆，增加了外在认知负荷，而最需教师和同伴帮助的图式形成阶段被放在课后，学生若遇挫折，极易丧失学习动机。翻转课堂依据认知领域目标分类，合理分配认知目标，课前知识传授阶段主要培养低阶认知能力，学生可反复观看视频材料，广泛阅读相关资料，而课内注重知识的拓展和应用，培养高阶认知能力，关注图式形成，因此更为有效。

其次，翻转课堂课前知识传授学习是对知识细化编码，而课内集中讲解，基于问题的学习、探究式学习及协作式学习等主动学习则是“对知识反复提取、反馈校正、创新生成的过程”（陈晓燕，2014，P19）。在翻转课堂知识内化过程中，“立刻同和”“立刻顺应”很少发生，翻转课堂正是“翻转了教学流分解了知识内化的难度，增加了知识内化的次数”（赵兴 2014，P57），减轻了学生的内部认知负荷，通过多次内化循环最终达到掌握知识的目的，因此，翻转课堂课内外教学活动的无缝融合符合认知负荷理论。

最后，翻转课堂摆脱了传统教学资源呈现方式，多模式的教学资源，尤其是微视频资源，使学习者通过视觉和听觉相结合的方式输入信息，扩大了工作记忆的存储能力。

二、掌握学习理论

“掌握学习”（mastery learning），又称通达学习或精熟学习。这是一种基于人本主义的个别化教学理论。由美国心理学家本杰明•布鲁姆（Benjamin S. Bloom）在 20 世纪 70 年代所创立，就其实质来说，是一个“改进课堂教学的综合计划”（吴杰，1989）。布鲁姆认为教育是一种有目的、有意图的活动，如果我们的教学是富有成效的话，学生成绩分布应该是与正态分布曲线是完全不同的，甚至可以断言，成绩接近正态分布时，说明教育努力不成功（李娟，2009）。因此，他提出掌握学习的概念和理论，认为只要恰当注意教学的主要变量，就有可能使绝大多数学生都达到掌握水平（Bloom，1984）。首先掌握学习是一种有关教与学的乐观主义的理论，教学不仅使学生并且使教师获得更多社会及个人成功的机会（黄书生，2005）。其次掌握学习是一套行之有效的个别化教学实践，教学模式采取班级教学和个别辅导相结合的方式，以班级教学为基础，辅之以经常、及时的反馈，提供学生所需要的个别帮助和所需的额外学习时间。

掌握学习的基本要素首先是群体教学和个别教学相结合。掌握学习彻底变革了传统的学生观，认为学生的个别差异是人为的、偶然的，而不是个体固有的，教学任务就是针对学生差异进行个性化教学，使学生达到设定的学习目标。掌握学习的优点是根据每个学生的特点，合理分配教学时间以便使每个学生都能学得更好，教师要给予学生足够的时间和练习机会，因为学生要达到掌握的水平，取决于花在学习上的时间量。在翻转课堂中，在不打破群体面对面教学的基础上，学生课前个性化自主学习，除了可个性化观看教学视频、完成慕课在线练习题和各种嵌入式测验题外，还可获得教师和学生的个别帮助和辅导，以及开展小组合作活动，体现了群体教学和个别教学的结合。

其次是矫正反馈系统。教师要给学生提供详细的反馈，使教学过程中出现差错后可以马上指出错误，并提供学生所需要的具体的补充材料以矫正差错。因为掌握学习理论认为，如果给予学生具体的评价标准，每个学生都能达到掌握的水平。在这个过程中，教师可发挥学生的主观能动性，利用同侪互助的方式，鼓励学生相互合作学习。掌握学习变革了传统师生关系。在掌握学习中，教师关注每个学生的点滴进步，并对学生学习中的问题进行适当、及时的干预和纠正，师生之间的交流多了，感情就加深了；而且在掌握学习中，学生通过相互合作解决彼此之间的问题并最终达到学习目标的要求，学生之间的交流也由于合作而加深，关系更为融洽。掌握学习使学生的学习动机得以增强，使学生更有成就感（Davis&Sorrell，1995），也提高了教师的自信心及成就感。同时，慕课在线练习所提供的及时反馈及自适应学习系统，依据大数据预测学习困难及推送学生个性化的学习资源等均源于掌握学习原则。

三、联通主义学习理论

联通主义是在网络学习的背景下，当前学习理论研究的热点之一。联通主义理论由加拿大学者乔治·西门思（George Siemens）首先于2005年提出，被誉为“数字时代的学习理论”。在不断充实和发展学习观的基础上，西门思从混沌性、连续性、共同创建性、复杂性、连续的专业性和连续期待的肯定性等方面对学习特性进行界定，并提供了学习网络示意图（胡壮麟，2008）。它把学习定位为一种“网络联结和网络创造物”。联通主义对于学习的观念体现在以下几个方面，首先，联通主义认为知识以片段的方式分布于网络中，每个人仅拥有其中一部分知识，因此，知识是一种网络体系。其次，每个人可通过与外部关系的建立，通过创造、完善、更新和批判知识结点而促进知识网络的建立。最后，学习的性质发生改变，学习不再是知识本身的获取，而是知识网络形成的过程。每个人可通过联结、知识共享等方式进行学习（Siemens，2005）。联通主义认为，学习是发生在学习者和其他社区成员之间的交流行为，“通过协作、问题解决等交互活动，学生的学习自然就发生了”（Jenkins，2009），因此，正规学习和非正规学习都是学习的方式，在慕课成立之初，MOOC就是建立于联通主义学习理论之上，因此，慕课理念与联通主义理论有紧密的联系。慕课具有显著的社会化特征，体现在慕课的线上线下的学习共同体理念，支持大规模学习者的参与，通过学习者之间社会化的合作学习与协作学习，弥补大规模与个性化学习的矛盾，而同侪互助，同侪互评也是慕课联通主义理论的重要体现。

四、建构主义最近发展区理论

建构主义的思想源于维果斯基（Lev Vygotsky）和皮亚杰（Jean Piaget）等人的思想，建构主义认为，知识不是通过教师传授得到的，而是学习者在一定的情境即社会文化背景下，借助其他人（包括教师和学习伙伴）的帮助，利用必要的学习资料，通过意义建构的方式而获得。建构主义提倡在教师指导下的、以学习者为中心的学习，既强调学习者的认知主体作用，又不忽视教师的指导作用，教师是意义建构的帮助者、促进者，而不是知识的传授者与灌输者（百度百科，n.d.）。

最近发展区理论也是翻转课堂的重要理论基础。认为学生的发展有两种水平：一种是学生现有的独立解决问题的水平，一种是学生可能在别人的帮助下解决问题的水平。介于两者之间的区域就是学生的最近发展区（Raymond，2000，pl76）。教学就是要在此区域为学生搭建支架（scaffold），让学生顺利从现有水平发展到下一个水平。

维果斯基的最近发展区（ZPD，Zone of Proximal Development）是指儿童在有指导的情况下，借助成人帮助所能达到的解决问题的水平与独自解决问题所达到的水平之间的差异，实际上是两个邻近发展阶段间的过渡状态。在翻转课堂中，教师精细化课程设计，充分考虑学生的前期知识和所能达到的目标，设计与最近发展区相符合的学习活动，这些活动在翻转课堂中，学生依托学习共同体和合作学习，通过在线论坛及课堂主动学习、同侪互助等形式而达到目标（Bhimenfeld，Marx，Soloway&Krajcik，1996；Havnes，2008；Kear，2004；McMaster，Fuchs&Fuchs，2006）。

五、学习共同体理论

共同体（community）一词来源于德语，最早源自德国学者滕尼斯（F.J. Tonnies）所用的德语（gemeinschaft），意指共同的生活，以区别“社会”一词。学习共同体（Learning Community），或称学习社区，是指一个由学习者及其助学者（包括教师、专家和辅导者等）共同构成的团体，他们通过在学习中的交流和分享，以及合作完成学习任务，在成员之间形成了“建构主义理论的发展，对学习本质的认识也在不断深化，学习不仅仅是个体的知识获得，而是知识的建构和知识的社会协商。而学习共同体则提供了知识建构与意义协商的平台，在学习中发挥群体动力作用（学习共同体）。苏联心理学家维果斯基学习共同体以日常的学习环境为样本，共同体中学习的主体包括学生、同伴及教师等。

学生面对真实或虚拟的任务环境，通过适合自己的学习方式，在学习和解决问题的同时，获得教师、同伴甚至校外专家的帮助和支持，以完成设定的学习目标。学习共同体的主要策略是学生小组合作学习，以及师生间的相互交流（佐藤学，2014）。学习共同体很大程度上依赖于师生的共同参与，以及他们的责任感和持续的动机，具有相互依存的特点。当然，丰富的学习资源及真实的学习任务也必不可少。在学习共同体中，学习的主体不仅对学习目的具有极大的认可，同时最重要的是具有特殊的心理归属感，这使得共同体各个成员形成了相互帮助的关系，对认知和动机有深刻的影响。

在基于慕课理念的大学英语翻转课堂线上及线下混合学习中，存在真实和虚拟的任务情境。教师在课堂教学中穿插了大量提问和讨论环节，以此构建了一个与学生会话的课堂，让学生在交流中进行学习。而慕课提供有意义学习的平台，大规模的参与者来自不同的文化和国籍，他们通过许多社会活动共同合作，如在线论坛上分享知识、提供同伴互评以及小组完成最终项目等。这种实体版和在线版混合的学习共同体不但使学生获得同伴的帮助与支持，而且提高了学生的成就感和参与度。

第二节　语言课程理论的发展

从语言课程的发展历史来看，主要经历了三个阶段，即雏形期、设计建设期及设计活跃期。

语言课程设计第一阶段的雏形期是从 20 世纪 80 年代末之前，主要有如下几种模式：（1）目标—手段模式：Tyler 的《课程与教学的基本原理》一书，被认为是 curriculum 设计理论的经典之作。泰勒认为，一个有效课程必须回答四个问题：①学校应该达到哪些教育目标；②提供哪些经验才能实现这些目标；③怎样才能组织这些教育经验；④我们怎样才能确定这些目标得到实现。从而形成了以目标为中心的课程原理。这 4 个基本问题后来被广泛称为“泰勒原理”（the Tyler Rationale）。泰勒这本书 128 页，但是讨论课程目标就占 62 页之多，而且泰勒主张，目标具有引导课程选择和组（LS. Vygotsky）提出的社会文化理论，也强调社会文化因素在人类认知功能的发展中发挥着核心作用，认为个人通过与他人的交互及其生活环境的相互交往创生意义。有意义的学习既非发生在个体内部，也非由外部力量塑造，而是“通过个体参与社会活动而产生”（郑藏，2007）。组织以及评价的主要功能，所以，泰勒模式被尊称为目标模式课程开发的典范。（2）过程模式和情景模式：斯坦豪斯在1975年出版的《课程研究与开发导论》（Anintroduction to Curriculum research and development）中，对目标模式的课程理论进行了分析批判，以此为基础，提出了过程模式的课程理论。情景模式是由Skilbeck（1984）提出的。根据Skilbeck的理论，情景模式的设计是以“文化分析”（Cultural Analysis）为基础的，也就是说，课程设计一开始就要对学校本身的具体情况做出分析和评估。然后，根据分析评估的结果对课程进行规划。这种模式Skilbeck称为“以学校为基础的课程大纲”（school-based curriculum）。这个理论为以后的“校本课程”开发的理论提供了理论基础。两种模式不同的是，情景模式的设计是以具体的实际情况为基点，在这一点上，情景模式是对课程研究的重要发展。

第三节　信息技术与课程的深度融合

信息技术与课程的整合（Information Technology and Curriculum Integration，ITCI）源自计算机辅助教学，是信息技术在教育中应用的第三种方式，另外两种方式分别为CAI（Computer Assisted Instruction，计算机辅助教学）和CAL（Computer-Assisted Learning，计算机辅助学习）。CAI始于20世纪60年代初至80年代中期，计算机主要应用于教学，以课件演示为主，目的是帮助教师解决教学中的重点和难点。CAL始于20世纪80年代中期，计算机从辅助“教”转向辅助“学”成为学生学习技术与课程的整合（ITCI）始于20世纪90年代中期，在美国经历了三个发展阶段，即WebQuest（基于网络的探究）阶段（20世纪90年代中期—2003年）、TEES（运用技术加强理科学习）阶段（2003—

2008年）及TPACK（学科内容、教学法和技术整合的新知识）阶段（2008年始）（何克抗，2012），体现了信息技术从课堂外到课堂内外的全面整合，从网络学习到与传统教学优势互补的发展过程。WebQuest阶段关注学生课外基于网络的自主学习、自主探究，信息技术未融入课堂教学；TELS阶段试图实现信息技术与学科教学的课内整合，并营造信息化学习环境；TPACK阶段则使传统教学与e-Learning优势互补，结合了有意义的传递和教师主导下的自主探究教学活动，提倡混合学习（Blended Learning，BL）的教育思想（何克抗，2012）。我国学者扩展了信息技术与课程整合的外延，使它有别于传统以工具的形式与课程融合的属性，并赋予了信息技术与课程的整合更多的内涵。南国农（2002）认为“信息技术与课程整合是指将信息技术以工具的形式与课程融为一体，或将信息技术融入课程的各个领域，成为既是学习的对象，又是学习的手段”；李克东（1992）认为信息技术与课程的整合是指在学科课程教学中，把信息技术、信息资源、信息方法、人力资源与课程内容有机结合，共同完成课程教学任务的一种新型教学方式；陈坚林（2010）很早就指出，外语教学研究要从“2+1”模式过渡到“3+1”模式，即要将“理论、方法和技术结合起来进行研究，做到三位一体”，并创造性地将教育技术学的“整合研究”理论和教育学的“生态化研究”理论结合在一起，提出了生态化整合理论。我国经过近十年的教育信息化建设，虽已取得一些进展，但从当前教学应用状况看，信息技术与教学的融合还处于一种非理想的状态，主要问题是学生信息素养薄弱、教师教学方法陈旧、教学模式未脱离传统，以及教学资源等设施不完善（隋晓冰，2013），尤其是教师观念更新迟缓，无法满足信息技术的迅速发展对教师的要求，师生关系疏离，教学方式变革困难（KellyE.Snowden，2012）。何克抗教授曾指出我国教学改革未取得突破性进展的根本原因是忽视了教学结构的根本变革。《美国2010国家教育技术计划》则指出信息技术之所以未能对教育发展产生革命性影响，主要原因是没有进行技术支持的重大结构性变革（fundamental structural changes），而只是渐进性的修修补补（evolution ary tinkering）。

教育部在《教育信息化十年发展规划（2011—2020年）》中指出要“重点推进信息技术与高等教育的深度融合，促进教育内容、教学手段和方法现代化，创新人才培养、科研组织和社会服务模式”，深度融合是首次提出的全新概念，指“现代信息技术与教育的全面整合”，有别于传统意义上的整合。2012年全国教育信息化工作会议再次明确了信息技术的深度融合要求教与学的“双重革命”，即加快从以“教”为中心向以“学”为中心转变，从“知识传授”为主向“能力培养”为主转变，从课堂学习为主向多种学习方式转变。而最新的《大学英语教学指南》更体现了深度融合的要求，即“课程设计要兼顾课堂教学与自主学习环节，使课堂教学与基于网络的学习无缝对接，融为一体”。深度融合有别于传统整合之处恰恰在于它触及了教育系统的结构性变革，尤其是课堂教学结构的根本变革（何克抗，2014），而传统的整合仅停留于如何运用技术改善“教与学环境”或“教与学方式”等低层面上（何克抗，2012）。深度融合指信息技术真正融入教学过程，与教学互相渗透、互相作用、一体化的过程，强调有机的结合、无缝的连接，以发挥信息技术的效益和潜能。它是以学生为中心的教学，学生在协作与交互等学习环境中学习，充分发挥主动性和积极性。

信息技术与课程深度融合的大学英语教学，宏观上就是重构大学英语教学的生态结构，使系统各要素保持稳定、动态、平衡的发展。微观上，利用信息技术创设英语学习资源丰富、师生线上线下交互迅捷、学生泛在学习便利、评价体系多元高效，并整合传统和在线学习优势、以学生为中心的个性化教学模式。“课堂教学是学校教育的主阵地，课堂教学也是学校教育的核心内容”（何克抗，2014），因此，微观生态环境是大学英语生态环境的基础和核心。

首先，在教学内容上，信息技术与课程的深度融合为大学英语教学提供了丰富的学习资源，利于教师创设理想的学习情境，也有助于学生的个性化学习。学习资源不但由助教变为助学，而且由单向、静态和封闭走向双向、开放。教学内容通过参与者的行动和交互作用形成。教师和学生不但随时随地共享优质教育资源，学生还参与资源内容的生成及开发，调动学生的主动性、积极性和创造性。

其次，在教学媒体上，信息技术不仅是教师助教的工具，更是学生的促学工具，融入学生的认知、合作学习和协作交流活动中。教学媒体是指一切用来传递教学内容的介质。相比传统如黑板、教具等的教学媒体，先进的数字媒体给教育带来了巨大的变化，具备多模态化、网络化和智能化的特征。一如虚拟技术能给学习者提供身临其境之感，运用适当的多模态教学媒体能减轻学生的认知负荷，基于互联网和云计算的智能化的教育信息系统不但能构建在线学习共同体，给学生提供合作学习和协作学习的平台，使学生有归属感和满足感，而且能依托大数据助推教育评估、教育决策以及创新教育实践，对学生的学习情况进行诊断和评价，并智能化地提出策略建议，有效监控和促进学生的个性化学习。人机融合是信息技术和课堂深度融合的关键（陈凤燕，2014）。

再次，在教学模式上，由传统单一的课堂教学转向多元的信息化教学模式，实施基于网络信息技术的混合式教学。从整合的发展历程来看，整合就是朝着混合学习方向发展的过程。信息技术的发展，使自主学习和个性化学习受到关注。信息技术为混合学习创造了有利的数字化学习环境，使学生能够根据自己的学习特点，自由地选择合适的学习资源，同时，通过信息技术手段，学生得以开展自主学习和协作探究学习，由此，课堂的外延得到了扩展，实现了课内外的无缝对接，有机整合。课堂不再是教师的“一言堂”，而是学生主动‘参与活动，内化知识’的场所。信息技术为教学模式的创新注入了新的活力，并以此产生了诸多如移动学习、泛在学习及智慧学习等新型教学模式。

最后，学生是学习的主体，学生通过各种途径获取个性化的学习资源，并通过网络与师生交互，主动构建和加工知识，增进情感体验。教师不再是知识的灌输者，而是课程的精细设计者和课堂教学的指导者和组织者，帮助学生建构知识和培养情操。

第四节　基于慕课理念的大学英语翻转课堂内涵

基于慕课理念的大学英语翻转课堂的内涵包括慕课理念与大学英语翻转课堂的深度融合、基于慕课理念的大学英语翻转课堂教学及学生能力的培养。其中深度融合是方式和手段，能力培养则是目标。慕课理念与大学英语翻转课堂的深度融合主要从融合的目标、融合的内容以及融合的途径三个方面进行论述；基于慕课理念的大学英语翻转课堂教学主要从后现代课程理论的视角加以论述；基于慕课理念的大学英语翻转课堂对学生的能力培养主要从学生素质能力的发展加以论述。

一、慕课与大学英语翻转课堂深度融合

国际上信息技术与课程的整合（ITCI）经历了三个发展阶段，即 WebQuest（基于网络的探究）阶段、TELS（运用技术加强理科学习）阶段和 TPACK（学科内容、教学法和技术整合的新知识）阶段（何克抗，2012），体现了信息技术从课堂外到课堂内外、从网络学习到与传统教学优势互补的发展过程。

与前两个阶段相比，TPACK 革命性的变化是摒弃了传统整合长期以来为追求技术普适化，而忽视了实际教学复杂性和情境性的弊端。无论 WebQuest 阶段，还是 TELS 阶段，人们希望信息技术能一站式解决教学中存在的问题，但实际上信息技术与教学在整合的深度和广度上都有不足。TPACK 注重技术、内容和方法三者之间双向、动态的平衡，彻底改变了人们对技术的传统认识。因此，不同于传统整合仅停留于“如何运用技术改善教与学环境或教与学方式”等（何克抗，2012），深度融合是对教育系统的结构性变革，尤其是课堂教学结构的根本变革（何克抗，2014）。从这个意义上来说，深度融合是信息技术真正融入教学过程，与教学互相渗透、互相作用、一体化的过程，强调有机的结合、无缝的连接，以发挥信息技术的效益和潜能，而不是成为“摆设、负担或者装饰品”（王爱平，车宏生，2005）。

慕课以学生为中心并以社会属性为导向，注重使用灵活的学习材料和设计相关活动，学生通过社会交互活动，激发兴趣并获得鼓励（Ventura，Bárcena & Martín-Monje，2014）。慕课将在线学习、社会交互及移动学习融合在一起，提供个性化的学习支持服务，其全英语的课程倒逼了大学英语的教学改革，促进了大学英语课程的重构（马武林，胡加圣，2014）。

但是慕课的语言学习环境也招来了多方质疑。其一是交互的有效性。卡内

基梅隆大学的研究曾指出，提供更多的交互活动才能更好地提升学习效果（王俊，2015）。交互分为操作交互、信息交互和概念交互，但是慕课一对多的模式和所提供的自动及对错反馈并不能真正促进交互性。交互中有效的反馈是学生保持学习兴趣、促进学习动机的有效手段（张传思，2015）。教师如何在师生比如此失调的情况下提供有效反馈是慕课面临的潜在挑战。慕课的自动简单反馈虽具一定的即时性，使学生能清晰认识到自己学习中存在的长处及缺点，但削弱了信息交互的有效作用。

其次，慕课的学生来自世界各个角落，彼此可能语言不通。据统计，全球60多亿人口中，约有10亿人学英语，完全掌握英语的人口仅5亿余人（吾文泉，周文娟，2014）。语言水平的异质性对大规模学习共同体的有效支持和促进真实的合作提出了挑战。

最后，语言慕课的目标是语言专项技能，如基本语言技能、良好的交流沟通能力、高级思维能力及文化能力，而不是以评估为目的。因此，与其他慕课不同的是，语言慕课依赖主动性和即时的交流，交流不仅是课程的途径，更是课程的重要目标。面对面教学的优势就是深度互动与反馈、情感交流、心理安全、社会信任和社会临场感等，尽管语言慕课采用了Google Hangout及Skype等社交视频工具传输音频或视频文件，并实行同伴互评以提高学习者的参与度，但一则同伴互评效果信度及效度可能不尽可靠，二则缺乏教师的及时有效反馈，因此，仍存在一定的差距。

由此可知，即便语言慕课也并非适合所有类型的学习者，若使用不当，可使学生动机缺失并导致失败。理念是慕课生存之本、存在之基，从慕课的发展历程和特征来看，慕课蕴含多元开放、精细化课程设计、个性化、即时交互与学习共同体等理念。剖析慕课理念，褪下技术的面纱，提取慕课的精髓，并使之与大学英语翻转课堂融合，成为一个平衡、兼容与和谐的生态系统，是实施信息技术与课程深度融合而行之有效的“第三条”道路。下文将从慕课在理念上与大学英语翻转课堂深度融合的目标、内容、方法进行论述。

（一）深度融合的目标

慕课理念与大学英语翻转课堂深度融合，就是指慕课的多元开放、精细化课程设计、个性化、即时交互与学习共同体等理念与大学英语翻转课堂有机融合，在宏观上重构大学英语翻转课堂生态系统，使各要素保持动态、兼容与良性的发展。微观上，变革传统大学英语翻转课堂的教学结构，多元化课程设计，利用信息技术创设英语学习资源丰富、师生线上线下交互迅捷、学生泛在学习便利、评价体系多元高效、整合传统和在线学习优势、以学生为中心的个性化教学模式，提高学生的学习动机，转变学习态度，培养学生外语和素质能力。

第一，大学英语翻转课堂生态系统的重构。生态学的观点认为没有一种有机体可以孤立地存在，必须依赖周围的环境，并进行物质能量和信息的交换才能生存（陈坚林，2010）。生态位（Niche）是生态学的新概念，意为单个生物体在特定的生态系统中与其他要素相互作用的关系。慕课理念作为一种“外来物种”，融入大学英语翻转课堂，打破了传统高等教育的生态平衡，变革了教育系统中教学内容、技术、教师及学生等各要素之间的关系。研究发现，慕课理念的融入也导致了大学英语翻转课堂中许多失调现象的出现，如学生要素中的学习动机与态度、教学模式中的交互合作与评价以及教师要素中的教学动机，都和预期存在差距。这说明教学中的要素，由于“外来物种”的入侵，还未能找到其合适的生态位，这就促进了大学英语翻转课堂生态体系的重构。因此，深度融合的目标从宏观上说，就是重构大学英语翻转课堂生态系统，使之达到动态、兼容与良性发展。

第二，多元化大学英语翻转课堂课程设计。放眼当今世界，政治多极化和文化多元化并存，全球化以及信息化汹涌而来，社会对大学毕业生的英语水平提出了更高和多样化的要求，课程设计的价值取向也正朝着多元化、融合化的方向发展。多元化大学英语翻转课堂课程设计首先体现在课程目标的多元化上，即既满足社会对大学英语学生的要求，也体现教学内容的实用性和时代气息，更是使学生的特质和潜能得到充分发挥的个性化创生的课程。其次，多元化还体现在大学英语教学内容上。从历史上看，大学英语教学改革存在课程定位之争，笔者观之，实乃课程价值取向之争，即关注技能和关注内容何者占优的问题。然而目前大学英语教学以内容为依托已成为学界的共识。王守仁（2012）认为，大学英语课程应该将“工具性、专业性、人文性分别落实到普通英语（English for General Purpose）、专门用途英语（English for Specific Purpose）和通识教育类英语（English for General Education）”。而蔡基刚（2013）则认为大学英语课程教学内容应该是专门用途英语和学术英语。但无论如何，大学英语课程教学内容的多元化几成定局，它包括通用英语、学术英语和专门用途英语。各校可开发适合本校特点、定位和条件的校本课程。最后，多元化还体现在大学英语翻转课堂教学模式的实施上。Herreid &； Schiller（2013）认为，在教学实践中，设计和实施翻转课堂时，没有放之四海而皆准的定式，需根据学习者的特征、教师的专业背景、可获得的学习资源及所学习的科目而有所不同。翻转课堂翻转了教学流程和师生角色，扩展了学习资源和学习空间的内涵，在为学生和教师提供个性化、泛在化、交互性和精细化教学的同时，对学生和教师及信息技术条件提出了更高的要求。

第三，学生能力素养的培养。近年来，我国大学英语教学大纲对学生语言能力的描述有所变化，不但注重学生语言知识能力、语言功能能力，还注重自主学习能力和终身学习，尤其是社会能力的发展，培养学习者面向21世纪的技能（赵雯，王海啸，余渭深，2014）。进入扁平化的信息时代，传统的“3Rs”能力教育已明显不足，21世纪联盟（Partnership for 21st Century Learning，简称P21）提出，21世纪的学习者要想适应社会，必须具备4Cs能力，即批判性思维、沟通交流能力、合作能力及创新能力。这些能力基于诸如学习环境、专业发展、标准和评估以及课程和讲授等环境支持，但4Cs能力是核心部分（桑国元，2016），是学生将来的立足之本，也是未来人才培养的关键目标，教育部业已启动“学生核心素养总体框架研究”。

（二）深度融合的内容

慕课理念与大学英语翻转课堂深度融合的内容包括教师、学生、教学媒体、教学内容以及教学方式的融合。

第一，从教学内容来看，首先，慕课多元开放的理念与教学内容融合，使大学英语翻转课堂不仅拥有海量丰富及高质量的学习资源，而且师生均可对学习资源进行“二次”开发，满足了个性化教学的需求。其次，慕课精细化课程设计与教学内容融合，利用微视频碎片化的课程知识点，减轻学生认知负荷并促进学生语言学习。

第二，从学习环境来看，慕课学习共同体的理念与教学环境融合后，生成了两个高效的语言学习环境，即课堂学习社区和目的语社区，学生在社区中的社会交互增进情感交流，促进语言学习。

第三，从课程评价来看，慕课即时交互的理念与课程评价融合后，被赋予了评估多元化和个性化的特点，体现在翻转课堂的同伴互评、及时反馈、大数据教育分析和数据挖掘上。

第四，从学生来看，作为学习的主体，学生需转变角色，主动参与学习活动，通过自主学习或协作学习，在有意义的交互活动中建构和应用知识。对教师而言，作为关键要素，教师需转变角色，精细化课程设计，优化学习资源，构建良好的语言学习环境，创生翻转课堂，并转变教学权威为教学的支持者和促进者。

第五，从教学方式来看，基于慕课理念的大学英语翻转课堂变传统单一的课堂教堂模式为多元化教学模式。慕课以同步或异步的多元方式融入大学英语翻转课堂，将信息化教学前移，开展基于问题的学习、探究学习及协作学习等主动学习活动，并使课内外有机联系，使传统的“教师中心”教学模式转变为“学生中心”教学模式。

（三）深度融合的方法

慕课理念与大学英语翻转课堂深度融合的方法就是用后现代课程观审视翻转课堂。具体来说，就是用后现代课程观基于开放的视角，从过程角度而非内容角度界定课程，认为课程是生成的，而非预设的，通过参与者之间的交互而创生。课程内容不但包含知识和经验，而且包含活动，是三者的融合。知识不是预设的，而是通过双向互动建构而成的。课程实施方式是教师与学生彼此之间相互交往和对话的过程。师生关系是一种新型的平等合作和民主对话的关系，而不是传统课程观中教师是知识和课堂的绝对主宰。教师的角色不是原因性的，而是转变性的。评价体系是多元化、差异化的，并且评价标准也随着课程活动的开展而动态变化或转化。

二、基于慕课理念的大学英语翻转课堂与学生能力素养

学生的能力是在个人的学习环境和合作的学习环境无缝对接中得到发展的。在个人环境中，学生自主观看视频和参与论坛讨论，采取游戏化学习的方式；而在合作学习环境中，学生与教师和同伴开展基于项目和问题的学习，厘清概念，参与评估。

在基于多元智能理论的21世纪学生能力素养中，4Cs能力，即批判性思维、交流表达能力、合作能力及创新能力占了重要位置。翻转课堂不仅是学科知识的传递与掌握，更使学生交流与表达能力、团队合作能力、批判思维能力和解决问题能力得到了激发和提高（Hwang，Lai & Wang，2015；田爱丽，2014）。

首先，交流和表达能力是指用语言表达思想并与他人交流的能力，是语言运用能力的一部分，也是现代人才必备的素质之一。翻转课堂的重要特点就是增强交互性，学生有大量的时间和机会通过课内的知识内化活动或课外通过社交媒体与师生交流。在与同伴和教师完成某一任务的有效交流中，学生的交流和表达能力得到了加强。

其次，当今社会，团队合作能力越来越重要，因为极少有工作能够独立完成。翻转课堂教师精心设计的任务和问题驱动的教学，为培养具有团队合作精神的现代化人才打下了基础。学生课前观看教学视频自主学习，收集资料，组内分工明确，合作完成教师布置的任务，锻炼了学生的团队合作精神。

第三，批判性思维作为一种认知过程，被普遍认为是教育，特别是高等教育的目标之一。它指为了得到肯定的判断而进行的有形和无形的思维反应过程，包括解释、分析、评估、推论、说明和自我校正等。翻转课堂培养学生自我管

理和自主学习的能力，学生使用元认知策略，评估并反思自己的学习。同时，教师精心设计的翻转课堂能培养学生的批判思维能力，即学生课前自主学习，搜集补充材料，通过网上互动分析并判断问题相关信息，课内与同伴和教师的讨论交流解决问题并得出结论。其实践的本质是帮助学生实现深度学习，聚焦问题解决，培养高阶思维能力（祝智庭，管珏琪，邱慧娴，2015）。

最后，心理学对问题解决能力的定义是由一定的情景引起的，按照一定的目标，应用各种认知活动、技能等，通过一系列的思维操作，使问题得到解决的过程。它包括四个阶段，即发现问题、分析问题、提出假设、检验假设。学生在翻转课堂中基于问题的主动学习，能在课外和课内，通过教师和学生的指导和帮助，完成这四个阶段，以此提高问题解决的能力。

第五节　基于慕课理念的大学英语翻转课堂的多元化课程

后现代课程观认为课程是为了满足社会多种需求的，因此，课程是动态和变化的，而不是静止和统一的，倡导多元化课程。本研究从课程论的角度，借鉴后现代课程论的主要观点，从课堂规划、实施和评价三方面着手，论述多元化的基于慕课理念的大学英语翻转课堂。

一、多元的目标定位

2007年的教育部《大学英语课程教学要求》中明确提出："鉴于全国高等学校的教学资源、学生入学水平以及所面临的社会需求等不尽相同，各高等学校应参照《大学英语课程教学要求》，根据本校的实际情况，制定科学的、系统的、个性化的大学英语教学大纲，指导本校的大学英语教学"。2010年，《国家中长期教育改革与发展规划纲要》也明确提出："促进高校办出特色，建立高校分类体系，实行分类管理。发挥政策指导和资源配置的作用，引导高校合理定位，克服同质化倾向，形成各自的办学理念和风格，在不同层次、不同领域中办出特色，争创一流。"2017年，教育部颁布的《大学英语教学指南》中明确提出大学英语课程应合理定位，“服务于学校的办学目标、院系人才培养的目标和学生个性化发展的需求”，将大学英语教学目标分为基础、提高和发展三个等级，同时明确大学英语兼有工具性和人文性双重性质，“大学英语教学的主要内容分为通用英语、专门用途英语和跨文化交际三个部分”。

从上述国家层面文件要求中，我们可以清醒地发现，大学英语课程的校本化开发是提高大学英语教学质量的重要方法之一。校本课程是“在学校本土生成的，既能体现各校的办学宗旨、学生的特别需要和本校的资源优势，又与国家课程、地方课程紧密结合的一种具有多样性和可选择性的课程”（廖哲勋，2004）。

从宏观建设层面上看，我国高校可分为重点高校和一般高校，前者包括“985”高校、“211”高校以及示范性高职高校（陈厚丰，2008），笔者暂且修正这个标准，按照重点高校（包括“985”高校和“211”高校）、一般高校和示范型高职高专类院校为例来说明课程规划设计。

从高校的分类来看，对于重点高校来说，学生的生源相对较好，入学时英语水平总体较好，学习动机较强，如清华大学学生是全国千分之一的优秀生；一般高校的学生生源属于中等水平，入学时不排除英语水平较高的学生，但总体水平一般；而高职高专类院校的学生则总体生源不及重点大学和一般高校，入学英语水平也处于中等偏下的程度。尽管部分高校会出现特例，但总体上来讲，参考《大学英语教学指南》，高校通用英语课程目标大致可分为以下三大类，第一类通用英语课程目标是，注重培养学生较高层次语言应用能力的拓展训练，培养学生的创新潜质，并适当加大 EAP 和 ESP 的比重，这类高校如重点高校；第二类通用英语课程目标是，为已具备通用英语基本技能的学生进一步提高和扩充学生的语言知识，也可根据学生需求，适当开设 EAP 和 ESP 课程，这类高校如一般高校；第三类通用英语课程目标是，为英语基本功稍差一些的学生重点突出英语基本技能的培养和语言基本知识的学习，这类学校如高职高专类院校。

依据以上目标分类，基于慕课理念的大学英语翻转课堂可充分考虑高校间的差异，进行多元化课程设计。对于第一类以培养创新人才和较高语言应用能力为目标的高校，可依托本校优秀的师资和雄厚的技术力量，开展“完全版”基于慕课理念的大学英语翻转课堂实践。第二类以进一步提高和扩充语言知识为目标的高校，可依据本校实际情况，开展“普适版”基于慕课理念的大学英语翻转课堂实践。第三类以突出英语基本技能的培养和语言基本知识的学习为目的的高校，可根据实际情况，开展“过渡版”基于慕课理念的大学英语翻转课堂实践。需要指出的是，以上三类是动态变化，不是一成不变的，也会出现中间版本。

二、多元的慕课与校本学习资源

对于实施“完全版”的高校，由于学生有较好的英语功底，因此，一方面可以将国际慕课课程“打包”进大学英语翻转课堂中，以同步或异步的形式开设大学英语 ESP 或 EAP 翻转课堂，即将国际慕课作为资源引入翻转课堂中，或者让学生加入国际慕课，追踪课程的学习，让学生近距离接触国际优质课程。但这类翻转课堂中需注意的是，正如本研究前面讨论的，无论采用同步或异步的形式，均会出现慕课和翻转课堂耦合和聚合的问题，给翻转课堂的实施带来一定的难度。另一方面，此类学校也可利用慕课平台，精细化课程设计，自行开发本校优质的大学英语或 ESP 及 EAP 教学微视频，并上传至慕课平台，再根据教学要求和学生情况，随时做出调整，实施大学英语课程校本化，并依托慕课平台和学校自身优势，辐射全国。

对于实施“普适版”的高校，由于学生英语功底一般，因此，不建议普遍采用将国际慕课课程“打包”进大学英语翻转课堂的做法，而可由各校视情况分层管理，对英语水平较高的学生开放。此类学校以本校大学英语课程校本化为主，精细化课程设计，碎片化知识点，制作相关教学微视频，但一般高质量的微视频开发要求高，周期也长，可能无法满足本校教学需要。因此，也可采用国内大学英语慕课校本化的办法，加入相关中文慕课平台，借鉴其他高校优质的微视频等资源。

对于实施“过渡版”的高校，由于学生英语功底稍差，因此，建议适度开展翻转课堂教学实践，学习资源仍可采用本校大学英语课程校本化的方式，但主要是借鉴其他高校优质的微视频等资源，可适当提高文本等其他资源形式所占的比例。

三、多元的活动设计

在活动理论的视角下，教与学可以被看作是一种具有特定目的的人类活动。教师与学生之间、学生与学生之间有组织的共同活动的序列集合组成了一个特殊的教学系统。活动既是学习的外部形式，也是学习者认知和心理发展的基础。活动从功能角度出发可分为获取体验、知识技能和方法的活动，获取学习动力的活动，评价与反思的活动，总结与归因的活动（杨开城，2005）；也可从活动组织的受众数量角度出发，分为班级活动、小组活动和个人活动（曹晓明，2006；张生，2008）；或者从环境的角度，分为在线活动与非在线活动；从话语权角度出发的教师主导活动、学生为主体活动以及师生互动活动（张生，2008）。而学习活动则可被分为以基于问题学习的探索性活动、阐明性活动和反思性活动（乔纳森，2002）。

对于翻转课堂的活动设计，首先，要注意交互活动的重要性。交互活动包括在线论坛交互、通过交互工具（如 Wiki、BBS）的交互、课堂中师生的深度互动交流及协作式学习等。这些活动有助于慕课个性化理念的实现以及学生知识的内化。

其次，要注意活动设计的适切性。不同教学目标定位的翻转课堂对活动设计的要求不尽相同。以“完全版”大学英语翻转课堂为例，其目标定位是培养学生的创新能力和较高语言应用能力。因此，在活动设计中，尤其在课堂内化活动设计中，应主要关注深度学习的活动内容，如基于问题的学习或基于项目的学习。而对于“普适版”大学英语翻转课堂，因其目标定位是进一步提高和扩充学生的语言知识，因此，活动设计可适当增加语言应用类活动以及高阶思维活动。而对于“过渡版”大学英语翻转课堂，由于其目标定位是基本技能的培养和语言基本知识的学习，故建议适度开展翻转课堂教学活动，或者学生课下可自主学习，但课上并不翻转。

最后，还要关注活动设计的多样性，比如游戏化学习活动以及基于多媒介的多用户虚拟环境“第二人生”。游戏化学习活动可创设拟真的任务情境，给学生以“流体验学习”（张金磊，张宝辉，2013）而使学生沉浸于学习中，提高学生的学习积极性。

四、多元的平台融合

慕课理念与大学英语翻转课堂深度融合有赖于慕课平台的有效使用。国外的慕课平台尽管开发得较早且较为成熟，但由于语言和受众等原因，并不适用于国内大学英语翻转课堂。而据调查，目前国内六大中文慕课平台，若从网络环境、教学平台、网络课程及教学支持等方面对它们进行考察，总体满意度水平较低，尤其是教师支持、内容设计和技术支持这三个维度问题最突出（刘和海，李起斌，2014）。由于慕课大规模的属性，教师给予支持体验较少，内容呈现仍停留在视频录制层面。从表中还可以看出，中文慕课平台教学支持较为欠缺，主要以论坛和邮件为主。

而慕课平台与传统的网络教学平台，如Moodle、Sakai，就学习管理、系统支持工具及系统技术特性比较后发现，网络教学平台因研发较早，技术成熟，故功能和性能上“都远远优于刚起步的慕课平台”（韩锡斌，葛文双，周潜，2014）。

因此，笔者认为，大学英语翻转课堂中到底是融合慕课平台还是融合传统的网络教学平台，还得根据学生需求和实际教学情况而定。慕课平台注重学生的学习体验，但对教学支持，尤其是交互支持还是比较薄弱，翻转课堂中交互理念的体现可以辅以微信或QQ等社交软件，也可换用Moodle等开源平台或Blackboard等商用平台。

五、多元的评价体系

多元的评价其一就是同伴互评的合理使用。为了应对大规模所带来的学习测评的难题，慕课引入了同伴互评机制，这是一创举但也招致了不同的观点。Stephen Bostock 认为同伴互评能提高学习者的学习动机，鼓励学生对自己的学习负责，促进学习者的自主学习能力，评价的过程促进学习者自我评价、激发学习者的深层学习等（Schmid，Miao &； Bazzaz，2000）。但也有不同的观点，主要涉及评价者的资质和信度，因为有的学习者既没有评价的能力，也没有评价者应有的态度，即评价的准确性、公正性以及反馈受到了质疑（Grieves，2006）。国内慕课的测试多为客观题，且采用评价系统直接评分的办法，因此，“同伴互评功能的运用基本上处于空白”（孙力，钟斯陶，2014）。从目前的情况看，翻转课堂的同伴互评主要发生在课堂，以传统的口头或书面方式进行，因为传统方式容易操作，但是只有线上才能体现同伴互评的主要功能，即独立性、便捷反馈和匿名评价。

据研究，影响同伴互评的主要因素是学生的知识水平、背景及对评价的态度等（马志强，王雪娇，龙琴琴，2014）。因此，笔者以为，有效实施同伴互评需遵循动态和多元的原则，一方面要了解学生的个人特质，如知识水平、学习动机，以便系统能动态分组，匹配合适的评价者；另一方面，学生互评中的角色也可以是多元的，既可是一般评价者，也可以是小组长或者隐性的教师角色，甚至可以是实习生，使学生的互评逐步达到完善。

其次，对于本研究中出现的学生试前集中复习现象，可利用大数据教育行为分析和数据挖掘能力，多元评价学生学习行为，以期使学生周期性分散每次翻转课堂所学习的内容，常记常新，巩固知识。大数据摒弃随机分析法，采用全数据模式，关注相关关系，可以发现被数据淹没的有价值信息。学生的网上行为数据，如微视频学习情况、网上社区参与情况以及学生的成绩数据均可被慕课大数据平台用来分析学习行为，并有效预测学生的能力。如通过对学生练习得分曲线的分析，可知学生对所学知识点的掌握程度。

教师也可利用大数据了解课程的总体情况，并做适当的调整。比如从课程健康度中，教师可直观获得学习者规模和学习社区运营两方面的 5 个指标，分别是学习者 7 日活跃度、学习者总规模、讨论区发帖回复率、讨论区人均互动与次数以及讨论区参与规模。笔者调研之时，D 大学的课程注册人数已突破 3 万，学员来自世界各地，课程有很高的健康度实属不易。

而从学习进度中可得知有关本课程更多的信息，课程热度可知当前具体选课人数、累计报课人数和累计退课人数，并用可视化图形直观展示随着时间变化而变化的课程选课情况。学习进度图更可直观了解每周学生的学习情况概况，统计的学习行为包括观看视频、习题答题情况及讨论发言等，并且还给出了不同频率段的学生数。

总而言之，慕课大数据为大学英语翻转课堂提供了更为直观和详细的评价方式，有利于教师更为清楚地了解学生的学习情况并开展个性化的教学。

第六节　基于慕课理念的大学英语翻译教学

对于慕课而言，慕课（MOOC）是现阶段的一种新型的网络开放课程，是一种现代化的基于网络的教学新形式，通过网络将不同地区的人联系在一起，通过练习进行视频的交流和学习，这种方式不仅仅摆脱了过去单一教学的方式，同时这种教学方式给大学英语翻译教学提供了更开放的空间，让大学英语翻译教学摒弃了过去局限性，在慕课环境中对于任何能够接入的学生都可以根据自身的需要进行学习。对于慕课而言，其实质上是在基础教学基础上将现代化技术更好地融入其中，融入了所有更加先进的教学模式，然后将所有有利于教学的东西都放置在网络上，一开始学生的学习兴趣来自对新兴事物的兴趣，随着对于基于慕课环境大学英语翻译学习，学生更多的兴趣是来自自身的融入和从英语中获取相应的激发，以及学生和教师进行双向的互动。将慕课环境融入大学英语翻译教学过程中，能够更加充分地发挥更加智能的教学模式，同时能够让学生在大学英语翻译教学过程中的作用体现得更加明显，从而在一定程度为慕课的教育和宣传提供了一种帮助。

在现阶段我国基于慕课环境大学英语翻译教学主要存在两种方法：第一种方法是以传统的大学英语翻译教学为辅，以现阶段慕课环境大学英语教学为主的大学英语翻译教学模式，另一种大学英语翻译教学模式主要依托翻转课程的新兴教育方式，这种教育方式给传统大学英语翻译教学带来了实质性的变革。对于翻转课程而言，主要是将教师提前录制好的大学英语翻译教学视频进行课程的放映，这种模式与传统的教育教学模式大致相同，在我们慕课环境下称之为课程的预习，这种预习模式更加快捷有效，同时能够节省大量的时间，这些课程主要放置在学生的课余时间进行，在进行学习之后学生可以在系统中预留相应的问题留言，或者提出相应的疑问。在实际的课堂中，学生的主要任务是全身心地投入到学习中去，而教师的教学重头放在对预留相应的问题留言或者对提出相应的疑问进行解答和指导，并对预留相应的问题留言或者提出相应的疑问进行汇总，发现学生学习的难点和重点，进行二次讲解和针对性地给学生进行二次分析和解答，从而能够最大限度地巩固大学英语翻译教学的学习成果。

第七章　信息化背景下大学英语教学学生能力培养

在大学英语课堂教学过程中，教师不仅要教授学生基本的语言知识、语言技能，培养学生的语言应用能力，更要通过课堂教学活动提高学生的思想认识帮助学生树立正确的人生观、价值观。本章分为情感能力的培养、批判性思维的培养、英语语言能力的培养、学生自主学习能力的培养四部分，主要内容包括：情感能力的培养、批判性思维的培养、英语语言能力的培养、学生自主学习能力的培养等方面。

第一节　情感能力的培养

一、情感的概念

人在认识客观事物和现象时，总带有一定的态度，或喜欢。或讨厌，或崇敬，或鄙视。如胜利时的兴高采烈，失去亲人时的悲痛欲绝，遇到危急时会产生紧张或恐惧，遇到美好事物与喜欢的人会顿生爱慕之情，碰到丑恶现象会令人感到讨厌。这种具有独特色彩的体验，是以个人不同的态度为转移的。

不管在国内还是国外，关于“什么是情感”还没有统一的说法，但都有简单的涉及。我国心理学者燕国材认为，所谓“情感”就是人的意识对一定客体的波动性与感染性：波动性与感染性是情感的两个基本特征。当人的心理活动受到外在事物的影响时，一般会表现出两种状态，一种是平静的状态，即理智：一种是波动的状态，即情感。当人的心理处于波动状态时，与之相关联的生理方面也处于波动状态，这可以从人的各种喜怒哀乐的表情中觉察出来。情感的感染性简单地说就是以情动情。这又分为两种情况：一是共鸣，一是移情。在一定的条件下，一个人的情感可以使他人产生同样的或与之相联系的情感，就叫作“情感共鸣”，反之亦然。其实在古代，我国的思想家也曾对情感明确提出了一些颇为类似的观点，如：

“情，波也；水，流也；性，水也。”（《关尹子·鉴篇》）

“情之与性，犹波之与水：静时则水，动则是波；静时是性，动则是情。”（五代·梁·贺语）

“有性便有情，无性安得情？……湛然平静如镜者，水之性也。及遇沙石或地势不平，便有湍急；或风行其上。便为波涛汹涌。此岂水之性哉？”（《二程遗书》卷十八）

这三段话的一个共同点就是都把情感比作水的波浪，这个比喻是非常恰当的，因为人的心理状态确实如此。在一般情况下，“清风徐来，水波不兴二但有时是“风乍起，吹皱一池春水二有时甚至是“惊涛拍岸，卷起千堆雪”。

情感教育研究专家卢家楣教授认为，情感有狭义和广义之分：从狭义的角度看情感包括情绪、情感和情操：从广义的角度看则还包括动机、兴趣、态度、性格、意志、价值观等。赵建国则指出情感是人对客观世界刺激的一种主观反应，它大多与人的社会需要相联系，具有较强的深刻性和稳定性。情绪是情感的具体表现，它是有机体的天然生物需要是否得到满足而产生的短暂性的比较明显的情绪，如愤怒、恐惧、欢喜和悲伤等：情绪具有较大的情景性、不稳定性和短暂性。本书采纳了卢家楣教授对情感的界定，即情感不仅包括情绪、情操，还包括对人的行为产生影响的动机、兴趣、性格等。

在第二语言教学领域，一些语言教学研究专家对情感也有一些论述。语言教学专家克拉申认为情感包括学生的动机、需要、态度和情绪状态。斯特维克认为：“One' s affect toward a particular thing or action or situation or experience is how that thing or that action or that situation orthat experience fits in with one' s needs or purpose, and its resulting effect on one s emotions. Affect is alerm th at refers to the purposive and emotional sides ofa person, s reactions to what is goingon”简单地说，人们对某一特定事物，特定行为，特定情境或特定经历的情感就是该事物、该行为、该情境或该经历是否符合人们的需要或目的以及对人的情绪所造成的影响，它是人们对正在发生的事情一种目的性和情绪性的反应。而达马西奥对情绪和情感做了区分，他认为“情绪”是对积极和消极情境的一种生理状态的变化而“情感”是对这些变化的感知。迪金森（Dickinson）认为情感与学生对目标语言的态度和情绪反应有关。英国语言教学研究专家则认为，在“语言教学”这个大语境下，广义的情感是指对人们的行为产生影响的情绪、情感、心情或态度。

综上所述，情感是指一个人在自己已经形成的思想意识（包括需要、态度、观念、信念、习惯）支配下，对当前面临的事物的切身体验或反映。它是人们对客观现实的一种特殊反映形式，是人对客观事物是否符合自己需要而产生的态度体验。当一个人对某些人或事物持有欢迎或趋向态度时，就会体验到喜爱、快乐、兴奋、满意等肯定性情绪：当一个人对某些人或事物持有反对或拒绝的态度时，就会体验到憎恶、焦虑、悲伤、抑制、不满等否定性情绪，情感会对人的行为产生积极或消极的影响。

二、情感能力的培养手段

目前正在进行的基础教育课程改革的一个重要方面是关注学生情感态度的发展，提出把学生情感态度的培养渗透到学科教育和教学之中。英语教育过程不仅是知识的传授过程，更是师生情感交流和情商培养的过程。

将情感教学理念渗透到英语教育中，发挥情感的激励功能，让人在感受英语语言魅力的同时，获得积极的道德情感体验，感受浓烈的生活气息。基础教育阶段的英语课程不仅要发展学生的语言知识和语言技能，而且有责任和义务培养学生积极向上的情感态度。根据《国家中长期教育改革和发展规划纲要（2010—2020年）》精神，为了每一个学生的终身发展，要求未来的教育着眼于每一个学生长远发展和社会文明进步的需要，全面实施素质教育，使所有学生个性特长得到发展，潜能得到激发，自主创新意识和精神、实践能力显著增强，为学生的终身发展奠定良好的基础。

（一）教学内容方面

大学英语教学内容的情感性处理，要求教师从情感角度对大学英语教学内容进行适当的加工、处理，使教学内容在向学生呈现的过程中发挥情感方面的积极作用。需要指出的是，这里虽然强调了从情感维度对教学内容的加工、处理，但也绝不能忽视从认知维度对教学内容的整理和组合，两者相互联系，缺一不可。

在大学英语教学过程中，为了实现教学内容在向学生呈现的过程中发挥情感方面的积极作用，最终使学生对大学英语产生好学、乐学的积极情感，教师可以在实际的教学过程中采用两种策略：一是教学内容与学生需要相匹配策略；二是教学内容呈现形式与学生需要相匹配策略。

“匹配”原是物理学中的一个概念，指通过安放一个装置使两个物体在某方面相互协调、配合，以达到最佳效果。上面提到的两条策略，“教学内容与学生需要相匹配”，”教学内容呈现形式与学生需要相匹配”就是指在大学英语教学过程中，教师应尽可能使教学内容及其呈现形式满足学生需要，以便有效调节学生的学习心向，激发学生的学习兴趣。

1. 教学内容与学生需要相匹配

心理学研究表明，客观事物是否符合人的需要，既取决于人的需要状况，也取决于客观事物本身。美国人本主义心理学家卡尔 - 罗杰斯（Carl Rogers）认为，有意义的学习四个要素之一便是自我评价，评价当前的学习是否满足自己的需要，是否有助于使自己获得想要的东西。当学生认为教学内容能满足自己的需要时，学习积极性就会增强，学习效率也会随之提高。因此要提高学生学习英语的积极性，诱发学生学习英语的内在动机，英语教师首先应做到所传授的教学内容能满足学生的需要。要实现这一目的，教材编写者在编写教材时应该融教材的思想性、趣味性、实用性和时代性于一体，这样才能为实现教学内容符合学生需要提供基本保证。教材是反映教学模式的知识载体，是决定教学效果的重要保证。王奇民也曾经对大学英语教材和教学内容进行过相关调查，结果发现多数英语学生对英语教材及教学内容表示不满，主要体现在教材及教学内容不能反映时代的最新发展、缺乏时代气息、与生活实际脱节、实用性差，无助于学生学习兴趣的提高和交际能力的培养。因此，要体现教材的实用性、时代性，激发学生的学习兴趣，选材范围必须延伸到社会生活的各个方面。

另一方面，在实际教学过程中，由于教学活动的复杂性，教学内容往往不能完全满足学生的需要。因为在教学活动中，教师是在规定的时间、规定的地点按规定的顺序根据规定的大纲、规定的教材讲授规定的内容。这一系列的“规定”决定了具体教学过程中呈现的教学内容往往不能与学生在那个时刻的需要相吻合。学生作为活生生的个体，在具体教学活动中有各种各样的需求。因此在实际教学过程中教学内容与学生当时的具体需要不一致的现象十分普遍。我们时常可以听到学生抱怨，“两年的大学英语学习除了多认识了几个单词和短语，好像没学到其他的东西”，“自己的英语水平并没有提高，反而有所下降”，失望之情溢于言表。造成学生对教学内容接受程度较低的原因是复杂的，但可以肯定一点，教学内容是否与学生的需要相匹配，是否能引起学生的兴趣是值得英语教师去反思的。

心理学的研究已经发现，个体对客观事物的认知评价不仅受其本身的价值观念、思想方法、知识经验等因素的影响，也会受他人劝说、诱导、启发等因素的影响。因此英语教师首先应发挥引导者的角色，在新生进校的第一节课就应让学生明白学习英语的重要性，还可以用实例证明英语学习的好坏对他们未来生活、职业生涯的积极或消极影响，让学生从一开始就产生一定要把英语学好的欲望。另外，面对统一规定的教材，教师应该根据实际情况和需要对教学内容进行适当的增减，以激发学生的学习兴趣。

2. 教学内容呈现形式与学生需要相匹配

目前很多的教材编写都强调实际性、趣味性，但不一定就能保证较好的教学效果。虽然用的是同一种教材，但教学效果却有很大的差异，这在一定程度上与教师以何种形式向学生呈现教学内容有关。所谓“教学内容呈现形式与学生需要相匹配策略”是指教师在教学活动中通过改变教学内容的呈现形式，增加教学活动的趣味性，使该内容被学生主观上感到是满足其需要的，从而达到教学内容与学生需要之间的统一，提高学生学习的积极性。在大学英语教学中常有这样的情况，教师在教学中讲授的教学内容并不符合学生的需要，也很难通过启发、诱导来改变学生对教学内容的看法。这时教师可以通过改变教学内容的呈现形式，使学生在喜闻乐见的教学形式中不知不觉地接受教学内容。

目前，游戏化的教学活动形式在大学英语课堂教学中已经被广泛采用，其实质就是利用游戏这种喜闻乐见的活动形式，使教学内容的呈现方式乐意被学生接受，实现在游戏中不知不觉提高学生对教学内容的接受程度的目的。当然除了游戏之外，还可以采用小组讨论、课堂辩论、学生上讲台、看音像资料等形式传授教学内容。

需要指出，采用何种教学形式，取决于学生的年龄、性格特征、班级规模、班风等因素，教师应根据实际情况，针对不同的班级、不同的学生，采用学生乐于接受的教学形式，增加学生学习英语的积极性，以便提高学生对教学内容的接受程度，从而提高大学英语教学效果。

（二）教学组织方面

1. 灵活分组

学习氛围是影响学生和学习共同体学习或相互支持的空间、气氛等外部条件。营造积极的学习氛围可以促进学生积极运用周围伙伴的资源，主动建构知识、解决问题，在相互支持中获得心理成长的力量，促进学生理解他人、尊重他人等良好品质的形成。

以往的课堂教学组织改革往往过分关注班级规模，单纯以认知为中心考虑教学组织。这一倾向从国内外的有关教育理论和课堂教学改革的实践中就能明显看出。如 20 世纪 20 年代在欧美风行一时的“分组教学”“小队教学”以及 70 年代以后流行于美国的“开放教育”等，多是围绕小班化教学的实验与探索开展的。我国也曾在不同的时期在一些地区开展过有关的实验与研究，但由于各种主、客观条件的限制，大班的教学一直在我国的学校课堂教学组织形式中占据主导地位。特别是我国的大学英语教学，由于师资限制、教学条件限制，大班教学依然是主要的课堂教学组织形式，少则三四十人，多则六七十人，有的甚至超过一百人。因此，大学英语的小班教学不符合我国的教学实际，想单纯从班级规模的改变上促进大学英语教学效果是行不通的。

基于以上的思考和目前我国大学英语课堂教学班级规模的现状，应提倡从情感维度优化当前僵化的课堂教学组织形式，采用灵活分组的策略。

灵活分组策略指教师在大学英语课堂教学中，将学生按学业水平、能力、个性等方面的差异分成若干个学习小组，通过促进师生、生生充分交流来增强学生课堂活动的参与性，达到活跃课堂气氛的效果。有一点需要指出，这一策略要求在分组标准上不以学生的智力和英语成绩的好坏作为分组的唯一标准，而是重视学生个性的互补性，以促进人际吸引。

简单地说，分组的基本原则是：优差兼有，个性各异，自由组合与教师分配相结合：在小组活动的形式上，也应充分利用教室空间，采用不同于常规的座位编排形式，使小组成员之间的交流充分开展。

在大学英语课堂教学中将学生灵活分组只是一种情感引发的手段，教师应通过这种灵活的分组激发学生积极的情感。在具体实施中，大学英语教师应注意以下几点：第一，在上课前就按照上述要求对班级学生进行不固定的分组；第二，课堂上的分组活动中应改变常规的座位编排方式，在人数较少的班级中，可让每个小组将座位排列成与其他小组相对独立的马蹄形，若班级人数较多，小组的规模较大，可采用每小组的座位组合成一个圆形的做法，以便小组内成员交流：第三，课堂教学以小组活动为主体，控制教师集中讲授的时间：第四，小组活动的内容、活动形式应多样化；第五，小组成员的确定原则为在学生自愿基础上，教师按照其能力、学业水平、个性特征等方面的差异进行灵活组合，以达到组合的最佳化。

2. 角色转换

在项目学校中，师生关系是基于社会情感学习视角的“人”与“人”的交往关系。教师与学生不仅是教育者和学生的关系，更是人与人之间平等、互动的关系。教师在与学生交往中真诚地开放自我，讲自己的经历、故事和处理问题的方式，教师不是讲大话、真理、神圣不可侵犯的“神”，而是一位有优点、缺点个性和喜怒哀乐的真实的“人”；师生的交往是基于尊重、热爱等情感投入的互动，在这样的互动中，师生和生生彼此喜爱、认可；在学校的人际交往中，教师不是高高在上的“权威者”真理的“传授者”，而是学生自我认知和管理、他人认知和管理、集体认知和管理的“促进者”“引领者二是学生学习“幸福生活知识”、形成社会情感能力、解决人生困惑的伙伴和“合作者”。

在传统的大学英语课堂教学组织中，师生关系总是以教师作为教学内容的“讲解者”和教学活动方式的“调控者”出现的，师生的角色关系基本是固定不变的，即教师始终是站在讲台上“教”的角色，学生始终是坐在台下“学”的角色。这种单一的传统师生角色模式容易使学生产生厌倦感，剥夺了学生参与课堂活动的机会，削弱了学生学习的自主性，但如果对教师和学生在教室中的位置和角色进行暂时的转换，就能达到活跃课堂气氛，超出学生对教学活动组织形式预期的效果，从而充分调动学生参与课堂活动的热情，这就是角色转换策略。

3. 身体语言调控

我国情感教学研究专家卢家楣教授认为，课堂教学组织包括两个方面：一是看得见的“人员组织二即教师在课堂教学中对学生座位的编排、对参与活动学生规模的控制、对师生交往方式的调控等：二是不能直接观察到的“心理组织”，即教师对课堂心理氛围、学生注意力等的调控。灵活分组策略和角色转换策略就属于课堂教学的“人员组织”，课堂教学的“心理组织”可以通过身体语言调控策略和张弛调节策略来实现。美国学者卡琳·勒兰德和基思·贝利的研究表明，当人们面对面交流时，从他人那里获取信息过程中，有 55% 的信息来自对方的身体语言，38% 的信息来自对方说话的语气，7% 的信息来自对方的口头语言。因此从某种意义上说，课堂中的非言语交流也许比言语交流更为重要，而课堂中非言语交流主要通过身体语言实现的，包括面部表情、H 光接触、手势、姿势、触摸行为等。一个人的身体语言在交际过程中起着非常重要的作用，它可以传递当事人的信息，表达当事人的情感。如当教师走进教室时，给全班同学一种亲切的、职业性的环视可以让学生增强对教师的信任感，使课程有一个良好的开端。一个人的姿势能够反映出他的参与程度和对某信息的反馈程度。例如在课堂上，如果学生们都向前微倾．眼睛注视着教师，这表明他们在仔细倾听，并且想从教师那儿获取更多信息；如果学生们的坐势比较懒散，而且还抖着腿，这表明他时听时不听，或是听不听都无所谓：如果学生趴在桌子上，则表明他对课堂内容不感兴趣；教师应该根据学生身体语言所反映出的信息，及时调整自己的课堂行为。另一方面，在大学英语课堂教学中，教师的语言主要用来传达教学内容的信息，而对学生学习心理和学习情绪的影响、对课堂气氛的调节大多由教师的身体语言来承担。因此英语教师在课堂上必须充分发挥身体语言的积极作用，与学生进行信息和情感的沟通，通过“无声”语言的运用影响学生的情绪和心理，发挥目光和手势的期待、鼓励、作用，使全体学生都处于一种感受到自己被关注和重视的积极心理氛围之中，从而创设和谐的课堂心理气氛，增强学生参与课堂活动的积极性。

4. 张弛调节

美国人本主义心理学家罗杰斯（Rodgers）倡导“心理安全”和“心理自由”，他认为课堂上民主、和谐、宽松的教学氛围才能使学生产生心理安全感和心理自由感。有日本学者也曾研究发现，课堂上的气氛有两大类：“支持型气氛”和“防卫型气氛”。“支持型气氛”不但有利于消除个体的紧张情绪，也有助于个体的认知水平的提高，而“防卫型气氛”则会使集体成员处于不安状态。与焦虑情绪有关的研究也证实，课堂气氛越是紧张，个体的焦虑情绪越容易被引发，认知水平会在一定程度上降低。

一般来说，不同的课堂活动形式会给学生带来不同的心理感受，如竞赛、评比会让学生紧张；新课和课堂练习讲解容易使一部分学生注意力分散；等等。因此张弛调节策略要求教师在课堂教学中，注意激发和调控课堂气氛，使不同的课堂气氛，如紧张气氛、轻松气氛、欢快气氛等有节奏地交替转换，并与不同的认知活动相对应，从而使学生在课堂上处于有张有弛的良好心理状态，达到减轻焦虑和提高注意力的双重效果。在课堂教学中，教师可以将讲授新课、课堂练习与略为紧张的氛围结合，将集体竞赛、评比与轻松、有趣的氛围相结合，将小组讨论与平静的氛围相结合等。随着一节课中不同认知活动的交替，课堂氛围也交替转换。

5. 灵活改变课堂讨论形式

长期以来，大学英语教学采取的是一种传统的串讲方式，即教师设计好教案，在课堂上仔细讲解，一讲到底，学生很少有机会发表见解，师生之间也少有沟通。教师讲得很尽力，学生却听得很乏味。传统教育片面强调教师在教学中所谓的“权威”，在教学过程中，学生是教育的对象，又是学习的主体，学生不是知识的消极的“接收器”，教师也不可能机械地把知识填塞到学生的头脑中去。要激发学生的创造性和学习积极性，关键在于灵活有效地组织课堂讨论。

灵活改变课堂讨论形式策略是指在大学英语课堂教学过程中，教师应根据教学目标和教学内容的需要，根据学生课堂学习的心理特点和课文的类型、难易程度来精心设计课堂讨论活动形式，发挥学生参与课堂教学的主动性来达到活跃课堂气氛的效果。

（三）教学环境方面

1. 创设积极氛围

学校氛围是校园中弥漫在学生周围的环境、关系、气氛，它是隐形的课程，潜移默化地影响学生的认知和情绪，熏染学生的言谈和行为。项目学校“在以社会情感学习为支持的学校氛围中用‘全纳’‘公平’‘和谐’等理念去唤醒另一个灵魂，成为学校更鲜明的价值取向”。在支持性的学校氛围中，孩子们得到了更多的尊重和关注，学生具有较强的安全感，能够自由地表达自己，友好地对待他人，这样的学校氛围滋养学生社会情感能力的形成。

创设积极氛围策略适用于优化物理环境，指在教学活动中通过积极驾驭物质资源，营造融洽的有利于大学英语教学的课堂心理氛围。首先，教师要利用环境中的物理条件为大学英语教学营造积极的课堂心理氛围。其次，要灵活利用空间距离关系，为营造课堂气氛创造条件。

2. 竞争合作

竞争合作策略是指在大学英语教学过程中通过引导学生进行相互间的竞争与合作，营造团结紧张、奋发图强的心理氛围。竞争与合作是营造良好的教学环境的重要因素，教学环境问题专家瓦尔贝力在其主编的《教育环境极其影响》一书中，就强调了竞争、合作的精神对优化班级心理环境的重要作用。竞争的意识和活动有助于激发学生积极向上的学习动力，学生必须不断努力进取才能争得上游。在竞争的过程中，学生被引发的是自我提高的内驱力和附属的内驱力。前者追求成就是为了赢得地位与自尊心，后者是为了获得他人的赞许。竞争意味着有自由度，提供凭借能力获得成功的机会。在大学英语教学中属于竞争机制的活动方式很多，教师要善于发现和利用。如讨论式教学就是一种可提供竞争机会的方式。在讨论中，教师要鼓励学生表现自已的观点、能力，但是，竞争会使一部分学生产生过多的压力进而产生焦虑感甚至丧失学习的信心，而且频繁的竞争会使学生间失去信任感，使班级集体出现紧张、不安等消极气氛。因此，必须强调竞争须与合作相结合，学生之间不仅要提倡竞争，还须提倡互助合作，使学生得到更多的积极反馈和帮助，从而激发更高的学习动机。目前的大学英语教学过多强调学生间竞争，忽视了学生间的相互合作，这可以从英语教师采用的课堂活动形式反映出来。据了解和学生的反映，目前许多大学英语教师除讲授式之外，主要采用提问回答式的教学方式，造成许多学生的课堂焦虑，影响学生的学习效果。因此，英语教师可以根据不同的教学内容和学生的不同个性特点，灵活运用竞争与合作的策略。”

3. 期待激励

期待激励策略是指在大学英语教学活动中通过对学生行为表现肯定和鼓励，营造充满自信、追求成功的心理氛围。给学生以期待和鼓励，有助于学生充分发挥学习潜能，最大限度地提高学习效果。教学环境问题研究专家麦克唐纳和伊利亚斯关于教师期望与学生学习成绩关系的实验研究发现，教师的期望比性别差异、地域差异对学生学业成绩影响更大。在某种情况下，教师抱有高期待或低期待，会使同一水平上的学生成绩出现一个标准差的浮动。罗尔塔森和雅各布森对教师期望的经典研究发现，教师对学生的不同期望会产生不同的行为反应，主要表现在四个方面：一是制造心理气氛。教师通过听取和接受学生意见的程度、评价学生的行为反应等，为高期望学生创造亲切的心理氛期望学生制造紧张的心理气氛。二是提供反馈。教师通过交往频率、目光注视、赞扬和批评等向学生提供不同的反馈。三是向学生输出信息。教师向不同期望的学生提供难度不等、数量不等的学习材料，对问题做出程度不同的说明、解释、提醒或暗示。四是输入信息。教师允许不同期望的学生提问和回答问题的机会、听取学生回答问题的耐心程度等等。

4. 良性积累

良性积累策略是指在教学活动中通过师生关系、生生关系及学生个体身上培育、积累人际关系中积极的情感因素，营造良性循环的心理氛围。大学英语教师必须努力和学生形成一种相互关心、相互信任、相互合作、相互尊重的新型师生关系，引导学生之间的一种相互关爱、相互合作的生生关系，为创设和谐的课堂心理氛围提供保障，有些研究者将教师的行为分为教学方法层面和人际交往层面；前者指教材教学内容的选择、教学方法、教学策略、评价方式等与教学相关的行为；后者关系到创造和维持积极的课堂气氛，这是形成最佳学习气氛的基本要素，“教师互动问卷”（QTI）从领导关系、帮助、友谊、理解、学生责任、自由度等八个方面考察教师行为，结果发现，教师的人际交往行为会对学生的认知和情感产生重要影响。如教师在与学生交往过程中所表现出来的友好、理解性的行为有利于形成轻松、和谐的课堂氛围：相反，不满、过于严厉等行为则会对课堂氛围带来消极影响。因此，在教学过程中，教师应时刻意识到自己的行为对课堂气氛可能会产生的影响。另一方面，情感的形成过程是一种长期积累的过程，自觉的情感活动是在理性的支配下产生的。师生之间、生生之间经过长期积累的积极情感是一种比较稳定的情感，是形成良好教学心理环境的基本因素。

第二节　英语语言能力的培养

一、英语语法能力培养

（一）侧重英语语法能力培养的教学法

1. 演绎教学法

演绎法是指人们以一定的反映客观规律的理论认识为依据，从该认识的已知部分推知事物的未知部分思维方法。是由一般到个别的认识方法。

在语法能力教学中，采用演绎法，是指这样的一种教学方法：首先由教师讲授语法知识，然后举出例子加以说明，最后通过相关练习材料，使学生学会独立运用该语法知识的能力。

学生练习的数目的多少应当根据语法知识的难易程度等因素考虑。不能过多，过多容易使学生厌倦，且集中考查同一知识点，数量过多，浪费时间，也达不到应有的效果；但也不能过少，过少达不到使学生学会的目的。演绎教学法一般适用于语法规则比较复杂时，如果不进行比较明确翔实的讲授，学生就不能很好地把握。也只有这样，学生在运用时才可以避免“一团乱麻”的状况。但采用演绎法教学如处理不当，容易形成“注入式”教学，难以调动学生的学习积极性和主动性，甚至会让学生产生一种学语言就是学语法规则的感觉。以我国英语教学的现状为例，很多语法能力教学过于侧重于这种演绎方法的运用，造成英语教学课堂只有语法而无其他内容的局面。我们语法能力教学要合理利用演绎法，发挥其优点，避免其缺点。

2. 归纳教学法

归纳法是指人们以一系列经验事物或知识素材为依据，寻找出其遵循的共同规律，并假设同类事物中的其他事物也服从这些规律，从而将这些规律作为预测同类事物的其他事物的基本原理的一种认知方法。归纳的过程即由特殊到一般的过程。

在语法能力教学中，运用归纳法，是指这样一种教学方法：教师先举出实例，然后学生在教师的引导下分析实例，最后出总结语法规则。

3. 交际教学法

交际法的创始人是英国著名语言教育专家威尔金森（Wilkins）。他于1972年在第三届国际运用语言学会议上作了“语法大纲，情景大纲，和意念大纲”的报告，4年后又相继出版了《意念大纲》和《交际法语言教学》，从而标志着交际法的诞生。其代表人物主要有：威尔金森、威多森、坎德林等。

交际法强调语境和情景的重要作用，强调将语言置于真实语境中去使用，提倡听、说、读、写技能的综合运用；强调以信息为焦点，认为社会交际功能是语言的主要功能，说话人语言输出与听话人语言反馈的契合是成功交际的标志。

交际法是对语法能力教学加以有机的融合和巧妙地利用，而不是否定和排斥语法能力教学。

在语法能力教学中，交际教学法指的是这样一种教学方法：首先由教师创立语境；然后学生进入创立的语境内练习，最后学生完成语法规则的学习。

4. 显性与隐性教学平衡法

这种教学方法与外显性与内隐性语法知识的争论有关，是为协调二者的分歧的采用的一种方法。其中，显性教学法，是指“以正式的陈述来学习语法规则”，隐性教学则指“通过接触英语，学生理解语法和句法。显性与隐性教学平衡法，是指在显性教学与隐性教学间寻求一种最优化的组合。这种方法是在批判将外显性语法知识与内隐性语法知识割裂的基础上产生的。他强调，针对不同的个体特征，在不同的阶段，采用不同的显性和隐性教学方式，以有效地帮助学生把语法知识（显性知识）转变为语法能力（隐性知识），提高学生的语法生成能力，达到语法能力教学的真正目的。

（二）培养策略

1. 合理利用混合式智慧教育体系

信息时代为我们提供了各式各样、多姿多彩的教学资源和素材，教师也因此可以尝试各种各样的教学方法。可以通过搜索图片、视频、电影，甚至制作视频，使语法教学变得生动有趣。

2. 构建符合学生英语语法能力的培养模式

文秋芳首先提出了“输出驱动假设”，随后对原来的假设进行了补充，又提出了“输出驱动输入促成假设，文秋芳指出，学生需要认真学习教师提供的输入材料，从而促进完成当下的输出任务，其目的是让学生能够用英语做事情间。大学生语法基础知识薄弱，可以按照该假设进行语法教学，让学生在语言产出的过程中培养语法能力，从而更好地进行语言交际。

二、英语词汇能力培养

（一）侧重英语词汇能力培养的教学法

1. 直观教学法

直观教学法是指利用实物、图像、动作表情等方式来展示词汇的意义，给学生以直观的印象的一种教学法。

（1）实物教学法

在英语词汇教学中使用直观的实物讲解词义可以使英语单词直接与实物建立联系，有利于学生理解所学单词的含义，加深对所学单词的印象，同时也能够培养学生用英语进行思维的能力。英语词汇中存在大量的表示具体事物的词汇，这为我们采用实物教学法进行词汇教学提供了有利条件。所以，在英语词汇教学过程中，尤其是对于低年级学生而言，应尽量多使用实物教学法，把所学单词代表的实物呈现在课堂上，帮助学生理解并记忆所学单词。

（2）图画教学法

英语中的一些单词在现实世界中无法找到与之相应的实物，在这种情况下，教师可以借助图画或简笔画来教授词汇。在采用这种方法进行教学时，教师要充分考虑学生的年龄特点和教学内容。运用图画教学法进行同汇教学时，教师需要注意两点：一是教师的图画展示要配合词汇意义的讲解，引导学生运用画面所提示的信息或所展示的内容来辅助词汇学习；二是教师要合理掌控图画展示的时机，只有在适当的时候呈现图画，才能保证教学效果的实现。如果教师过早地将相关图画展示出来，会分散学生的学习注意力，降低学生对图画的兴趣，使图画教学方法不能发挥其应有的教学效果。

（3）动作表情教学法

在英语词汇教学过程中，为了调动学生的学习积极性和主动性，教师除了可以使用实物、图画、简笔画等直观教具进行词汇教学外，还可以用动作、表情、手势等来展开教学。借助动作、表情进行词汇教学既可以避免用汉语解释英语，又可创造出一种丰富多彩的语言环境，从而有利于培养学生的语感。

2. 多模态教学法

“模态”一词强调人类感知意义与表达意义的方式，人类通常通过感官或身体的其他部位感知意义与表达意义。人类的五大感官包括眼睛、耳朵、皮肤、鼻子、舌头。当这些感官用于感知与表达意义时，就会产生五种模态：视觉模态、听觉模态、触觉模态、嗅觉模态和味觉模态。除了这五种模态之外，还有一种具身模态，即通过身体的动作来表达意义，例如人们用不同的手势表示“胜利、爱、很棒”的意思，用不同的姿势表示“欢乐、无奈”等意义。

多模态教学指在教学中运用两种或两种以上的感知或表达方式。例如，斯坦纳（Stein）在教学中采用了多模态教学法。首先要求学生在家庭或工作场所拍摄 14 张读写活动的照片。完成拍照后，学生准备展示材料，包括一份 12 张照片的招贴，每张照片附上文字标题和一张 A4 纸的文字解说。然后，写一篇学术论文，描述与分析拍摄的读写活动。这些活动主要使用的是视觉模态和具身模态。学生拍照时需要用眼睛看，用手操作照相机。在准备展示材料和撰写论文时，也需要用眼睛看，用手做或写。

斯坦纳（Stein）的教学实际上不但是多模态教学，而且是多媒体教学。学生在学习过程中除了使用视觉模态和具身模态之外，还使用了照片、招贴、文字等多种可以呈现与传递信息的媒体口在词汇教学实践中，我们可以根据教学条件和教学需要，采用不同的多媒体与多模态组合，将教学目标词汇以书面的、口头的、行为的、图像的、声音的、影像的形式呈现出来，让学生可以通过多种模态输入与输出目标词汇，以达到习得的目的。

（二）培养策略

1. 将趣味教学与词教学融合

词汇呈现阶段最忌枯燥的展示和机械的记忆。词汇呈现活动如果不能引起学生的注意，激发学生的想象力，则会使学生从一开始就产生厌倦、畏惧情绪，更不利于词汇的学习和记忆。因此，教师应采用趣味教学法，开展形式多样的学习活动，以增强学生对词汇学习的兴趣。

（1）唱歌曲学单词

对于英语学生而言，通过歌曲呈现词汇是一种趣味性十足的教学方法。歌曲节奏明快、朗朗上口，内容很容易被储存。因而，这种教学方法能够激发学生记忆单词的积极性，优化其记忆单词的过程，同时也提高了单词记忆效果。从而有效地避免了学生采用死记硬背的方法记忆单词。

（2）互比竞争学单词

学生一般都具有争强好胜的心理，教师可将学生的这一心理适当引入竞争机制，增加活动的趣味性，降低词汇展现过程中学生的抵抗情绪。例如，教师可先向学生提供一组字母，共 30 个，并要求学生按照字母顺序在规定的时间内找出其中所包含的单词。找到的单词数量最多的学生获胜。

2. 创设丰富的教学情境

教师可以创设生活中的各种情景进行教学，通过情景呈现词汇，将词汇置于各种情景之中进行教授。这种方法可以使学生既理解了英语单词，又学会单词的用法，并将所学单词成功地应用于交流。

具体而言，教师可利用插图、动作表演、做游戏、列图表、找谐音等活动创设情景呈现单词。这种情景教学法可以使学生在愉快的课堂气氛中提高对单词的识记、保持、再认和再现效果。

三、英语阅读能力培养

（一）提高学生阅读动机

提高学生阅读动机的方法，要求教师了解学生的阅读需求，提高学生的阅读动机。欧文曾提出提高学生阅读动机的建议主要包括两点，即提高阅读预期回报；降低与其付出努力。其中前者可以采用的措施有经常表扬学生、涉及的活动富有趣味、设计的测试题公平合理、布置的阅读任务不宜过难、明确阅读目的、尽可能使阅读活动有意义、给学生自主选择的空间；后者可以采取的措施包括提供背景知识、预习阅读任务、预习词汇、讨论阅读策略、使用与学生阅读水平相适的阅读材料、将篇幅长的材料分批阅读。

（二）培养学生词汇储备

教师应当鼓励学生扩大词汇量，即提高词汇技能，丰富词汇储备。威尔金斯曾表达其对词汇重要性的感慨，“没有语法，人们可以表达的事务寥寥无几，而没有词汇，人们什么也表达不了，莱文和里夫斯强调词汇的重要性，认为缺少足够的词汇是造成文本阅读的障碍。内申强调词汇的重要性，他认为，有效的教学，教师对如何教授词汇必须有明确的想法。安德森在论及第二语言教学时亦强调词汇的重要性，认为教师应当向教授学生那些基本的词汇，然后教授学生如何根据上下文如何推断那些生僻的词汇。

安德森所说的基本的词汇，是针对词汇量的大小而言的。

所谓词汇量，是指一个特定阅读者掌握的词汇数量；他所说的根据上下文如何推断那些生僻的词汇，是针对词汇技能而言的，所谓词汇技能，是指一个特定的阅读者运用词汇的能力。比如，通过词根与构词法，认识新词汇的能力。我们经常探讨，以及在教学过程中比较重视前者，而往往忽略后者的培养。

英语教师在培养学生词汇知识的过程中，应当正确区分词汇量与词汇技能的关系。二者的关系可以概括如下：词汇量的增加，有利于词汇技能的培养；词汇技能的增强，可以增加词汇量。二者相辅相成，相互促进。

（三）教授阅读技巧方法

阅读能力教学的主要内容就是培养学生的阅读技巧。

览读是快速浏览全文，目的是明确文章的要旨。因而，览读要注重各个标题、子目，尤其是每一章节的起始句，一般具有概括章节主要内容的作用。注重具有总结性的段落。综合所有获得的信息，解释阅读材料的要旨。

跳读是一种快速阅读方式，是一种带有选择性与明确目的诉求的阅读方式。在信息充斥的现代社会，正确地运用览读，可以在有限时间内，接触大量的阅读资料，进而挑选需要的信息。因而，跳读过程中，要注重关键词语或语句、标题、斜体字等。尤其是要注重与问题相同或相对等的同组或词汇，这是准确迅速找到所需信息的途径。

精读一般篇幅短，目的在于学习语言知识；泛读一般篇幅长，目的在于扩大知识面。精读习得的阅读技巧是进行泛读的有力支撑；泛读增加的知识储备反过来又提高精读的质量与效率。如何将二者有效地结合，需要阅读能力教学教师进行必要的探讨。

第一，培养学生广泛阅读的习惯，以储备知识。常识是一般人掌握的知识，即进入到众人知识储备中。但是，客观情况是，有些人知识丰富、知识储备多；而另外一些人，知识匮乏，知识储备少。因而，对于一些人为常识的东西，对另一些人来说，可能是需要学习的知识。在英语阅读能力教学中，教学的对象，即学生的知识储备也是这样的，有的学生多一些，有的学生少一些。因而，阅读教师要帮助学生增加知识储备，完善知识结构。最有效的办法就是鼓励学生在课下进行泛读。通过广泛阅读各方面、各领域的材料，来扩充知识储备。另外，进行更广泛的阅读，也可以提前获得阅读材料的背景知识。比如，平时对英语语言学类书籍有较多涉猎的同学，可能对索绪尔会有一定的了解，因而，如果以后的阅读课选择的阅读材料是有关索绪尔的，那么该同学就具备了该阅读材料的背景知识，与其他不具有该背景知识的同学相比，其更容易把握该阅读材料。

第二，通过一定的措施或途径，培养学生自主激活背景知识的能力。这里一定的措施或途径一般包括预测训练。预测是指，在已有信息或者已经掌握的信息基础上，对随之可能出现的信息进行推测。自主激活背景知识是指，学生在阅读材料的过程中，能够积极运用自己拥有的背景知识，帮助理解正在阅读的材料，预测阅读材料的内容，并通过阅读证实自己的预测的过程。

（五）评估阅读效果

评估阅读效果是阅读后教师需要使用的策略，及时有效地评估学习效果对学生与教师都大有裨益。教师进行评估，了解学生阅读能力的进步情况，并根据结果，调整自己的教学方案。学生通过评估，明确自己的缺陷与不足、调整自己的学习方向，提高自己的阅读能力。

评估阅读效果有定性与定量两种形式。定性的评估是通过学生阅读课上的表现的前后不同，对阅读任务完成得是否顺利等，进行评估。定量的分析是通过进行记录一定的数据资料，例如，通过利用阅读速度记录表，并对其进行分析，可以确定学生在阅读速度方面的情况。

四、英语听力能力的培养

（一）锻炼听力技巧

在英语听力教学中，教师需要使用科学的方法，对学生的听力活动进行指导。听力理解的过程是听者不断使用猜测、推断、分析等手段进行的信息获取过程，这些听力活动中的微技能有利于提高学生听力理解的效果。

1. 进行听前预测

听前预测对于听力理解尤为重要。在英语听力教学中，教师应该重视听前预测手段的教授。具体而言，听前预测需要交际者在听力练习之前首先熟悉一下测试题，了解题目所考的范围，如人名、地点、数字等。

2. 猜测词义

在听力实践过程中，听者很难完全听明白材料的每一个字，此时就可以通过上下文等进行词义猜测，从而更加顺畅地理解材料内容。在听力实践过程中，切勿一有生词就打断思路，应从整体听力活动入手，综合使用词义猜测技巧，确保听力活动顺利进行。

3. 抓住要点

交际是交际者在交际目的的作用下进行的言语活动。在英语听力教学中，教师应给学生介绍抓重点信息的方法，在听的过程中，要抓主要内容、关键词、主题句，略听一些无关紧要的信息。

4. 关注细节

在英语听力教学中，教师还应注意引导学生关注听力材料的细节，使学生更好地理解听力材料。一般而言，在听力材料中，细节通常与五个 W（when，where，why，who，what）有关。在听的过程中，如果抓住了它们，就抓住了英语听力的关键要素，从而准确理解听力的内容。

5. 笔记记录

听力活动具有速度快、不可扭转性的特点，很多对话都发生在很短的时间中，同时留给听者很少的考虑时间。所以，学生应根据听力特点，学会笔记的记录技巧。

（二）学习文化背景

语言与文化关系密切，听力材料中经常涉及文化因素。学生掌握英语国家的文化背景知识，可以提高听力理解能力。因此，教师可以采取文化教学法来，展开听力教学。有关文化环境影响下的英语听力教学相关内容在后文会进行具体介绍，这里简单介绍以下两种文化教学法。

1. 选用英语母语的听力材料

目前，我国英语听力材料一般会有配套的听力光盘，通过看和听结合方式来训练学生的听力理解能力。在传统听力教材中融入视频元素，将“声音”与“图像”结合起来，有助于学生感性认识的提高，易于学生接受。因此，教师应适当采用这类听力材料，以英语母语为主，使学生接触与学习原汁原味的英语，了解地道的英语表达，熟悉英语语言环境，使学生更好地理解文化知识在实际中的应用。

2. 创设真实的文化情境

我国的英语教学缺乏真实的英语语言交际环境，不利于学生了解英语语言与英汉文化的差异，从而给听力理解带来一定的障碍。因此，在英语听力教学中，教师应适当地为学生创设真实的文化情境，使学生的听力训练在真实的情境中进行，使学生更好地学习文化知识。

（三）增加课外活动

课堂教学时间十分有限，课外活动法是课堂教学的有效补充。对于英语听力教学而言，教师可以结合学生自身特点，鼓励学生参加一些不同类型的课外活动。

课外听力练习活动既有利于提高学生的听力水平，在主动地搜集、整理资料的过程中又有利于提高学生的学习能力。此外，由于课外听力练习活动要求学生互相合作，对锻炼学生的组织能力与沟通交际能力也十分有利，同时练习活动还给学生提供了施展才华的机会，有利于培养并提高学生的创新能力。

课外活动的形式丰富多样，这里选取广播电台与电影配音两种形式的活动加以介绍。

1. 英语广播电台活动

英语电台在内容上不受限制，时间上较为便利，通过每天在固定时间播放英语节目，可以增加学生的听力时间，弥补学生课堂听力时间的不足。

英语广播电台将英语广播与学生的实际情况相结合，营造了良好的英语氛围，激发了学生的英语学习兴趣，有利于学生学习英美文化知识，提升听力理解能力，是听力课堂教学的重要补充。

2. 英语电影配音活动

一般而言，英语电影中的台词具有戏剧性与灵动性，贴近实际生活，更贴近口语。就听力练习而言，教师可以组织学生进行电影配音活动，这样的任务既有输入，也有输出。

英语电影配音既有利于提高学生的听力能力与口语能力，又有利于培养学生的团队协作意识与合作精神，是英语听力课外活动的一种有效形式。

五、英语口语能力培养

（一）侧重英语口语能力培养的教学法

1. 先听后说法

听、说是交际活动相辅相成的两个方面。其中，听是说的前提。口语水平的提高并不单纯地依靠说的训练，听的训练也是十分必要的。听能够使学生获得大量的知识信息，如语法、词汇和句子，从而为学生积累足够的语言材料.顺利输出语言。因此，教师应注意在听的基础上开展说的训练，通过听来培养学生的模仿能力。当学生储存了足够的语言知识时，才能够也愿意开口表达。由此可见，先听后说符合学生口语学习的规律，能够较快地提高说的能力。

2. 任务教学法

任务教学法是以学生为中心，以小组合作学习为主要学习形式，以学生完成任务为目标，因此对调动学生的积极性，增强学生的合作竞争意识，提高学生的口语水平具有极大的促进作用。任务教学法在英语口语能力教学中的操作可分为以下四个步骤。

（1）呈现任务

本阶段的主要任务是帮助学生做语言和知识上的准备工作。呈现任务时，教师可结合学生的实际生活和学习经验，创设与学生息息相关的情景，引发学生的好奇心，激发学生的兴趣。另外，教师还要为学生提供与话题有关的环境及思维的方向，增加新旧知识的连接度，在巩固旧知识的同时，自然学习新知识。

本阶段要遵循先输入、后输出的原则。

（2）实施任务

这个阶段在整个教学过程中最重要。学生在接到任务以后可以采取多种方式实施任务，如小组自由组合的方式、结对子的方式，也可由教师设计多个小任务构成任务链等。小组自由组合或结对子的方式能够为每个学生的口语表达提供练习机会；教师设计多个小任务构成任务链的形式则能够培养学生合作互助的意识，增进学习的效果。本阶段中，教师的主要任务是监督和指导学生的活动、保证活动顺利有效地开展。

（3）汇报任务

学生完成任务以后，教师可要求各小组派代表向全班汇报任务成果。汇报结束后，教师可对各个小组以及汇报同学的表现给予评价，指出其优点和不足。评价时应注意对学生的活动情况尽量持肯定态度，多鼓励、表扬，使学生体会到成就感，从而建立信心。当然，教师也应及时指出和纠正学生表达中出现的较严重，影响交际的错误，正确引导学生。

（4）评价任务

在各小组汇报完任务以后，教师和同学们一起评价任务，对各个小组分别指出他们的优点和不足。在这个过程中，教师要充分把握评价环节的积极作用，增强小组的竞争意识，促进学生不断进步。

3. 交际教学法

交际教学法起源于20世纪70年代的欧洲。它以社会语言学与理论为基础，其目的在于培养学生的交际能力。交际教学法主张教学内容应以语言功能为主，强调创造真实的情景与场合，使学生在交际过程中使用语言，从而提升表达能力。交际教学法的核心就是将教学过程看作交际的过程。

由于交际教学法为创造大量真实的情景，在此情景下，学生的语言输出更加轻松、自由。每位学生的学习期望、目标、过程都将受到同学和教师的影响与引导，学生在真情的情境下和教师、同学进行互动，从而提高语言输出的质量。

4. 互动教学法

口语“教”和“学”的效果之所以不突出主要原因在于教师不能很好地调动学生口头表达的积极性。而学生不愿意表达的原因有二：第一，学生存在较大的心理压力，害怕在教师和同学面前出错；第二，学生的词汇量贫乏，这是造成学生害怕出错的一个重要原因。

针对上述情况，互动式教学法的主要功能在于帮助学生扩展和运用词汇。该方法具有显著的特点：坚持以学生为中心，教学组织方式多样，能够有效利用课堂时间向学生传授语言知识。口语能力教学中若能很好地实施这一教学方法，可有效激发学生的兴趣，打破“哑巴英语”的现象，帮助提高学生的口语表达水平，取得良好的教学效果。

互动教学法在口语课堂教学中的操作包含以下三个阶段的活动。

（1）课前

课前充分而周密的备课是教师的必要工作。尤其是与客体有关的口语会话材料的准备十分必要。这些材料应分给学生每人一份。做口语练习会用到的词汇、短语也为学生准备一份。这样语言材料可以丰富学生的口语表达，帮助学生积累表达素材。

（2）课中

口语课堂教学中，教师可先为学生介绍本课的会话情景，然后让学生独立思考并联想与该情景相关的词汇、短语。然后教师将可能用到的词汇和短语呈现在黑板上或者 PPT 上，然后选出一个词语让学生判断和解释其意思。当该学生解释完毕之后，可让其他学生对已给出的信息进行扩展。在解释和扩展的过程中同样为学生开口说英语提供了机会。

（3）课后

课堂教学完毕后，教师可布置一些特定的话题或情景，让学生在课后进行口语练习。需要注意的是，布置的话题或情景要与课堂内容相关，这样才能帮助学生巩固课堂上学到的表达。在下节课教授新内容之前，教师可花一些时间检查学生的课外练习情况。这样不仅为学生提供了表现的机会，调动学生的积极性，还可以通过反复的巩固、使用提高学生的口语水平。

（二）培养策略

1. 创设英语口语表达环境，促进学生主动进行口语表达

环境对学生具有一定影响。对此在英语教学过程中，教师可以为学生创设良好的英语口语表达环境，使学生在环境的影响下积极、主动地进行口语表达。

2. 增加口语表达训练的强度，提升学生口语表达能力

学生口语表达能力是在训练过程中逐渐提升的，对此在英语课堂教学过程中，教师应尽可能地为学生创造更多口语表达训练的机会，加强学生的口语表达训练，从而提高学生口语表达能力。

六、英语翻译能力培养

（一）以学生为本，倡导自主式教学

该教学方法主要以人本主义教育理念为依据，教师在课堂上：一方面关注学生的整体需求：另一方面考虑学生之间的个体差异，因材施教，激发其学习动机和兴趣，培养其自主学习能力。人本主义理论关注个人的感情、知觉、信念和意图，以学生为本、以兴趣为前提、以激发成就动机为出发点，使学生在感知、认知知识的过程中自我发展。罗杰斯（RogerS）则提出意义学习这一概念，认为意义学习把逻辑与直觉、理智与情感、概念与经验、观念与意义等结合在一起。依据这一观点，在翻译专业教学中，无论课型（语言知识课、翻译知识课、语言技能课还是翻译技能课）如何，都应该针对学生的学习需求，激发其学习兴趣和动机，结合其年龄、性别、性格、认知风格、学习策略等方面的不同，根据教学内容设置相应学习任务，使整体性教学与个别化教学相结合，顺利完成教学目标。同时教师有责任指导学生选择有效的学习方法和学习策略，鼓励学生确定学习目标、培养自我评估意识，使其能够在一定范围内控制学习内容，指导自身的学习行为。另一方面针对学生知识技能的掌握程度、性格内外向、

学习风格（视觉学生、听觉学生、动觉学生等）、元认知策略、认知策略、社交情感策略等方面的不同，采用同伴教学、分组讨论、角色扮演、翻译工作坊、学习档案袋、成果展示等不同方式激发其主观能动性，使学生乐于知、乐于学。实践表明，在教学过程中尊重学生的学习风格有助于他们选择相应的学习策略，提高学业成就）同时，学生自己也可以在自我反思评价的基础上，选择学习资源（网络、教师、教材、同伴、专家、学术杂志等）或学习方式（讨论式、专题式、演讲式、任务式、探究式等），真正做到自主学习。

（二）以任务为中心，鼓励合作探究式教学

该方法主要以建构主义和合作学习理论为依据。建构主义发端于20世纪60年代初心理学家Piaget的认知发展理论，维果斯基的社会心理学理论及班杜拉的发现学习理论。合作学习则兴起于20世纪70年代的美国，并在70年代中期至80年代中期取得实质性进展。皮亚杰认为认知发展受同化（个体对刺激输入的过滤或改变的过程）、顺化（有机地调节自己内部结构以适应特定刺激情境的过程）和平衡（个体通过自我调节机制使认知发展从一种平衡状态向另一种较高平衡状态过渡的过程）三个基本过程影响。而且，这种个体与环境不断作用，平衡状态连续发展的过程就是整个认知发展的过程。可以说，一个人的整体知识就是连续不断地与环境交互作用和变化中建构的。

（三）重视互动式教学，营造民主氛围

在传统的以黑板、粉笔、教材为主学习环境中，教师一般占据主体地位，占有学习资源（如教材），在课堂上拥有话语权：而学生处于被动接受的地位，在课堂上几乎没有话语权：这时的信息交流是单向的，缺乏民主互动的。应该在教学中营造宽松的民主氛围，优化教学和学习环境，促进各教学因素之间的交互作用，提升教学效果。该教学法适合与多媒体、网络技术等相结合，因为现代教育技术为交互作用提供了更加宽松适合的环境，可以进行双向或多向的师生、学生之间、人机等交流。特别是在讨论具体的翻译技能或者合作完成某项翻译任务时，电子邮件、博客、网络音频等为跨文化交际提供了相对民主便捷的交际方式：而搜索引擎所能找到的国内外各学术网站、报刊文摘、引用数

据库等提供了大量的资源。又如口译教学中为了促进互动，师生、学生之间互相配合可以模拟国际会议、商务谈判等口译活动；同时通过同伴反馈、教师反馈、专家反馈、计算机反馈等方式帮助学生认识搭配不当、逻辑混乱、欠额翻译、超额翻译等问题，指导学生进行及时修改和练习。当然，在传统的翻译专题讨论或者讲解式课堂教学中，师生之间、学生之间的及时互动和铁饼也有助于活跃翻译课堂气氛，避免理论阐释或技能分析的单一枯燥，促进教学成效。

（四）运用现代教育技术，丰富翻译教学手段

随着现代教育技术的发展，多媒体、网络、语料库等在外语教学中广泛应用，不仅丰富了教学材料，也改变了传统单一的“黑板＋粉笔＋课本”的教学方法和手段。目前，多媒体信息系统把文本、声音、图像等多种进行集成，信息呈现形式既包括静态的、动态的，也包括视觉的、听觉的，而且易于操作，可以实现人机交互的界面内交互。万维网不仅为学生和译者提供了大量开放的超文本信息资源，而且也为实时交流和非实时讨论提供了技术支持和便利条件，方便了师生、学生之间互动交流。而电脑语料库（包括原始语料库、附码语料库、平行语料库、学生语料库、网格式语料库等）因其信息容量大、语料真实、便于检索等优势也在外语中教学研究中发挥着日益重要的作用，不仅用于编写教材，还用于研究学习语言。尤其是课堂教学中，语料库将大量有真实语境意义的实例以数据或语境共现的形式呈现，有助于学生进行知识认知和建构。可以说，现代教育技术所带来的方法手段的变化将成为外语教育现代化的突破口。

七、英语写作能力培养

（一）侧重英语写作能力培养的教学法

1. 结果教学法

早期的英语写作能力教学理论主要来自经典的修辞学研究。20 世纪 60 年代末，大部分教师在教写作时仍以学生最终能写出一篇完美的文章为教学目的，他们的指导思想是结果教学法。

结果教学法是将英语写作能力教学的主要精力一直集中在文学作品的理解与分析上面，以通过这些分析使学生掌握各种文体的特征和写作方法、从而能够模仿写作自己的作品为目的的教学方法。教师在写作能力教学中使用结果教学法时，向学生提供一些范文，并让学生模仿或改写范文，利用教师给出的提示词扩词成句以及按照范文扩句成篇等。传统的作文课堂教学偏爱这种教学方法。

结果教学法以行为主义为其理论基础，教学过程被看作是刺激—反应的过程。结果教学法重视语言知识，特别注重词汇、句法和衔接手段的恰当使用。结果教学法是一种基于句子层面的写作能力教学方法，使用此种教学法的教师注重自己的教，教学的重点放在句子层次的语法正确性上，教师关注的重点是学生写作的结果。结果教学法强调学生的选词造句能力，要求学生加强句子组合和语法练习，写作学习过程是一个从句子入手，发展到段落，再到篇章的过程。结果教学法常常被用于第二语言或者外语写作的教学之中，写作成品是起重点，强调语言的正确性、作文的结构和质量。

2. 过程教学法

过程教学法兴起于 20 世纪 60 年代，是以认识论、控制论、信息论以及各种语言理论为基础理论来源而形成的一种教学方法。经过教学法专家的探索和实践，特别是经过美写作协会的大力推广，过程教学法一度成为最有影响的教学方法。罗德里格曾经评论说，过程教学法行之有效，有人对它到了“崇拜”和“狂热”的地步。从 20 世纪 80 年代开始，从事第二语言教学研究的学者，将过程教学法应用于第二语言的写作能力教学。

过程教学法将写作视为一个创造性的过程，包括写前阶段、写作阶段和修改阶段，也可以说写作过程包括计划、用语言表达思想和检查三个阶段。由于写作并不是一个线性的过程，因此这三个阶段往往在循环往复中进行。在写作过程中，学生所拥有的内部资源和外部环境进行相互作用，以形成写作的合力并使写作过程具有交叉互动的特点。写作能力教学应该是教师讲解写作过程的一步步的操作方法。

3. 体裁教学法

从 20 世纪 80 年代后期开始，体裁教学法在教学领域得到了广泛的应用。例如，在澳大利亚，体裁教学法被用于语言教学。一些热衷“体裁教学法”的教师和语言研究者创建了“文化教育研究网络”，目的是推行体裁教学法，以帮助学生掌握教学计划要求的各类体裁的写作能力。按照体裁教学法，教师应向学生介绍他们在未来生活中将会遇到的一些体裁，通过体裁分析提高学生的写作能力。

（二）培养策略

1. 建立英语网上写作平台

大学时期的学生在英语知识的学习上早已步入新的领域，除基本英语词汇的掌握和积累外，这一时期更要重视培育学生的英语社交、英语社会实践能力。因此，大学时期的英语写作能力教学要合理运用互联网所带来的优势，正确躲避教育条件的约束 . 处理解决传统教学中英语写作课程所占比例较小的针对性问题，运用有效的解决方法为大学生创建更宽阔的学习环境，推动大学生的英语学习。

2. 构建互联网写作交流评价体系

英语写作教育是大学英语教育中的主要内容，而写作不单单局限在学生将文章内容书写出来，同时还必须对写作成品实行评判、沟通、总结与反馈。只有这样才可以发现在英语写作过程中所存有的显著性问题，方便在日后的教育教学中设定针对性的改善方案。

第四节　学生自主学习能力的培养

一、影响自主学习能力的因素

影响自主学习的因素可归结为两方面，分别是智力因素（主要指学生的语能）和非智力因素（包括学习态度、学习动机学习意志、学习策略因素、文化因素和自我管理能力）。

（一）智力因素

智力是学习的前提。语能（语言智商）被认为是智力的一部分。智力是个体一般性的学习能力、理解能力和推理能力，而语能则是个体语言的认知能力。心理学家一般把语言的认知能力归纳为四种：①语音的编码能力：能辨别不同语音，形成语音和符号之间的联系，并加以记忆；②语法的敏感能力：能辨认出词在句子里的语法功能；③语言学习的归纳能力：通过例句能够推测和归纳语言规则；④语言的记忆能力：能快速而有效地形成文字与意义之间的联系，并加以记忆。

（二）非智力因素

1. 学习态度

态度是影响个人对特定对象做出行为选择的有组织的内部准备状态或反应的倾向性。学生如果没有正确的态度，自主学习就很难开展下去，也无法将学习坚持到底。就学习态度而言，学生应具备良好的自我效能感，能够正确归因。

（1）自我效能感

自我效能感是指个体相信自己有能力完成某种或某类任务，是个体的能力和自信心在某些活动中的具体体现。首先，学生的自我效能感会影响学生对任务的选择。学生倾向于选择那些自认为能够完成的学习任务，回避自认为难以完成的任务。其次，学生的自我效能感会影响学生在某项学习任务上付出多少努力、遇到困难时能够坚持多长时间、面临复杂的情境时有多强的适应能力。高自我效能的学生更有可能花费更多的努力去争取成功。再者，学生的自我效能会影响学生在完成某项学习任务时所体验到的紧张和焦虑感。高自我效能感的学生在从事学习任务时冷静、沉着，更多地关注学习中的问题，而低自我效能感的学生会感到紧张不安。

（2）归因

归因是个体对自己的成功或失败所做出的因果解释。一般学习的成败可归因于四类因素，即能力、努力、任务难度和运气。能力是一种内在的、稳定的、不可控制的因素；努力是一种内在的、不稳定的可控因素；任务难度是一种外在的、稳定的、可控因素；而运气则是外在的、不稳定的、难以控制的因素。学习成败归因不同，对学习产生的影响也不同。如果个体把自己的学习成功归因于能力，把学习失败归因于努力不够。就容易激发学习的主动性和自信心，自主学习；如果个体把自己的学业成功归因于外部不可控的因素——运气，把学业失败归因于自身能力不足，就会影响其情感状态，可能形成低效能感，降低学习的自主性。一般而言，自主学生倾向于把自己的学业成败归因于可以弥补或纠正的原因，这种归因通常会引发积极的自我反应。

2. 学习动机

动机对语言学生有巨大的推动作用。只有当学生拥有了强烈的学习动机，有了“我要学”的念头之后，才会积极主动地去思考“学什么”和“怎样学”等问题，才会制定明确的学习目标，克服困难，主动寻求知识。学习动机是培养自主学习的前提。若缺少学习动机则会妨碍和阻止自主学习的实施。

3. 学习意志

意志在学习中主要表现为两方面的作用。首先，意志能够维持学习活动。在学习过程中一定会遇到各种各样的困难，而要想克服困难，将学习坚持到底，学生的意志力就要发挥维持作用。这种维持作用主要表现为学生的恒心，即持之以恒，能够不折不扣、矢志不渝地坚持学习。其次，意志能够调控学习活动。

在学习活动中，学生有时会产生某种妨碍学习进程的心理与行为，如当行不行、当止不止等。学习意志发挥的调控作用可以克服这种障碍，使得学习活动顺利进行。这种调控主要表现在发挥积极的心理成分，制止消极心理因素。

4. 学习策略因素

学习策略的正确使用被认为与自主学习能力的提高有着最直接的关系。研究结果表明，外语学习好的人经常使用某些特定的学习策略来提高外语学习效率和应用能力。

5. 文化因素

文化因素影响着学生的行为、学习价值观、思维习惯，直接影响学习效果。现代外语教学模式从以教师为中心逐渐转变为以学生为中心，学生应该为自己的学习承担责任，在学习过程中有更多的选择和更大的自主权。这种教育观和文化习俗的改变有利于学生的个性化发展与创新能力的培养，也是培养自主学习能力的前提条件。

6. 自我管理能力

大学的学习方式与以往的学习方式不同。学生要提高自我管理的意识，增强自我管理能力，具备能够明确学习目的、确立学习目标、统筹时间、制订学习计划和利用学习资源的能力。在妥善管理自己学习的同时，充分调动自身认知，情感，行为等因素共同参与学习的过程，发挥自身的主观能动性，真正成为学习的主人。

二、培养自主学习能力的途径

近 30 年来，“以学生为中心”教育观念下的自主性外语学习能力培养引起了国内外专家学者的广泛关注，他们也达成了基本的共识：学生自主是外语教学的重要目标；学生自主不是先天的能力，可以通过后天的培养而获得；自主学习能力的高低直接影响个性化学习方式的效率高低；外语教师可通过提高学生的自我效能感，帮助他们设置正确的学习目标，对其进行适当的元认知、认知和情感策略培训，为学生提供良好的学习环境等途径来培养学生的自主性英语学习能力。

培养自主性外语学习能力已成为现代教育学和应用语言学研究中备受关注的热点课题，许多专家学者探讨了在实际中促进学生自主的方法与途径。齐梅曼 (Zimmerman) 等提出系统的促进学生自主性的方法，概括为：

①激发学生内在的学习动机；②注重学习策略教学：③指导学生对学习进行自我监控；④教会学生利用社会性的和物质性的资源。

（一）通过大纲和课程设置促进学生自主

大纲和课程设置可以说是实际教学的指南针，因此通过改革大纲和课程设置来促进学生自主显得尤为重要：如取消大纲对外语技能的统一要求和一套教材“一统天下”的做法，还学生选择教育的自主权。这种影响可以在许多相关的研究中体现。

（二）进行教学改革与创新

为了促进学生自主，不少教师和研究者纷纷展开实验，以求找出最合适的方法。默里和库伊津、豪尔特、彭金定、冯奇等、高鹏等、顾卫得、傅玲芳、毛忠明等和欧阳建平（2009）等国内外的研究者都进行了形式多样的教学改革。

近年来，国内许多高校纷纷组建校园教学网络，并在外语教学中配备多媒体语言实验室和网络教室，进行各种多媒体教学模式改革与尝试。如上海大学多媒体实验班的 3 种多媒体教学模式（讲练结合模式、自主学习模式，教师讲解模式），傅玲芳经过两年的改革实践，证明多媒体网络教学模式在教师指导和约束的前提下，有助于促进学生英语学习自主性有利于提高学生的学习成绩。陈坚林提出了作为计算机与英语课程整合后的 5 种模式，浙江财经学院也采用了 2 课时课堂面授和 2 课时网络自主学习相结合的多媒体教学模式。同时有关多媒体外语教学的理论性文章也频频见诸外语界的各种刊物，这为我们整个外语教学模式的改革提供了理论和实践基础。

（三）学习策略培训融入教学与学习之中

从 20 世纪 80 年代至今，国外许多专家都纷纷介绍了学习策略培训的各种模式，或进行大小规模不等的学习策略培训，还提出了将策略训练与外语教学融为一体的"以策略为基础的外语教学"模式。他们的学习策略培训实践表明：实验后实验班的各种策略使用频率高于实验前，学习的计划性、自我监控性评估性好于对照班，并且学习成绩也有提高，自主学习能力培养的效果明显，同时证实了英语学习策略培训的可行性、必要性和有效性。

（四）有效利用计算机网络资源

随着科学技术的发展，计算机网络和多媒体技术的运用为教学科研提供了极大的方便。越来越多的学者把外语自主学习和网络与多媒体结合起来，探讨网络环境下的自主学习模式和促进自主的教学模式。如何优化利用计算机网络资源来促进外语教学的发展，培养学生的自主性外语学习能力已成为最重要的课题，参与研究的人员越来越多。

（五）发挥教师的指导与引导功能

在外语学生自主的过程教师具有广泛的角色和多重责任，教学只是教师很小的一块功能。他不仅要参与管理经营，开发语言课程，制作材料，同时也应是学生的顾问、信息的来源，而且还应对学生做出评估；教师还应在学生向自主学习转变的过程中，对学生所采取的方式、方法、策略、成果等及时做出反馈。

在学生的学习过程中，教师要为他们提供两种互补的支持：一是提供心理一社会支持，二是技术支持。心理一社会支持涵盖三个方面的内容：促进学生自身的个人素质、具备激发学生主动性的能力和提高学生自主学习意识的能力。同样，技术支持也有三个方面：通过多种方式帮助学生计划并开展独立学习、帮助学生自我评估、帮助学生提高语言和学习意识，使他们获得必要的知识和技能。

（六）构建有效的评估机制

建立起对学生的"过程性＋终结性"的多样化大学英语学习的评价体系。一般来说，过程性评估包括课堂内外活动的参与程度、任务完成情况、学习策略使用、阶段性测试、(网上)学习过程记录、学生自我评价、学生间相互评价、小组合作学习记录等内容；终结性评估为期末测试成绩，也结合口试和笔试的方式对学生的语言技能进行评估。评估时要尊重他们的学习需求，这样可以激发学生的学习动机，正确引导学生认知能力的发展。

评价是多元化的，主要体现在评价的内容多元化，评价的主体多元化。对学生应进行多方面的评价，让学生感受自己的成功，获得激励。同时，教育评价应该是自上而下和自下而上双向的。除教师对学生予以准确及时的评价外，学生也应该是主动积极的评价者。利用形成性评价促使学生从被动接受评价转变为评价的主体和主动参与者，充分发挥学生在学习中的主体作用。在主动评估过程中，学生开始明白评估不是目的而是手段，是了解自己学习的有效方式。构建有效的评估机制，促进了学生综合运用能力的全面发展，从而提高了学生自主性英语学习的能力。

参考文献

[1] 程亚品 .“互联网 +”时代下信息技术与英语教学的深度融合 [M]. 天津 : 天津科学技术出版社 ,2019.

[2] 杨海霞，田志雄 , 王慧 . 现代高职英语教学研究与实践探索 [M]. 长春 : 吉林人民出版社 ,2019.

[3] 郑丹 , 张春利 , 刘新莲 . 当代大学英语教学体系建构与实践研究 [M]. 北京：中国纺织出版社有限公司 ,2019.

[4] 朱飞 . 大学英语教学中的翻转课堂 [M]. 长春 : 吉林大学出版社 ,2020.

[5] 于明波 . 当代高校英语教学与混合式学习模式探究 [M]. 北京：中国纺织出版社有限公司 ,2020.

[6] 邓炎昌，刘润清 . 语言与文化 [M] 北京：外语教学与研究出版社，2010

[7] 桂诗春 . 应用语言学 [Ml 长沙：湖南教育出版社，1988.

[8] 邓晓明 . 应用型本科院校大学英语课程改革实践与思考——基于《大学英语教学指南》[J]. 开封教育学院学报 ,2018,38(08):113-115.

[9] 于乐乐 . 国际化背景下大学英语应用型教学模式研究与实践——以理工科实验班“大学英语”改革课程为例 [J]. 科教文汇 (中旬刊),2018(02):169-170.

[10] 祁颖 , 周俊华 . 应用型高校课程教学改革探索与实践——以北京城市学院《大学英语》教改为例 [J]. 当代教育实践与教学研究 ,2017(11):130-132.

[11] 苗萌 , 常淑丽 , 梁勇 .“原型范畴—输出驱动”下的应用型本科院校“大学英语”课程认知化教学改革与实践 [J]. 成都工业学院学报 ,2017,20(03):40-44.

[12] 龙晋巧 . 基于应用型人才培养的大学英语实践教学改革 [J]. 继续教育

研究 ,2016(12):126-128.

[13] 贺春艳 . 大学英语教学改革实践的问题与对策研究——以应用技术型转型为背景 [J]. 科技视界 ,2016(16):81-100.

[14] 张红敏 . 以培养学生综合能力为目的并基于“校企合作”的“应用技术型”大学英语教学改革与实践 [J]. 湖北函授大学学报 ,2016,29(07):135-136.

[15] 崔爱婷 , 何林 . 基于应用型人才培养理念的大学英语课程教学改革与实践 [J]. 吉林工程技术师范学院学报 ,2015,31(11):60-62.

[16] 李卓 . 培养“应用型人才”的大学英语分级教学改革实践与研究 [J]. 黑龙江科学 ,2015,6(10):65-67.

[17] 刘丽珍 , 刘青 . 卓越工程实施背景下应用型本科院校大学英语翻译教学改革与实践 [J]. 佳木斯职业学院学报 ,2015(09):431-432.